Charles Pépin

O PLANETA DOS SÁBIOS

ENCICLOPÉDIA DE FILÓSOFOS E FILOSOFIAS

Ilustrações de

Tradução de
JULIA DA ROSA SIMÕES

claroenigma

Copyright do texto © La Planète des Sages — Encyclopédie Mondiale des Philosophes et des Philosophies © DARGAUD 2011, by Jul, Pépin www.dargaud.com
Todos os direitos reservados
Copyright das ilustrações © 2014 by Jul

Grafia atualizada segundo o Acordo Ortográfico da Língua Portuguesa de 1990, que entrou em vigor no Brasil em 2009.

Título original
La Planète des Sages — Encyclopédie Mondiale des Philosophes et des Philosophies

Preparação
Beatriz Antunes

Índice remissivo
Luciano Marchiori

Revisão
Thaís Totino Richter
Marise Leal
Marina Nogueira
Renata Favareto Callari
Adriana Moreira Pedro

Composição
Elis Nunes

Dados Internacionais de Catalogação na Publicação (CIP)
(Câmara Brasileira do Livro, SP, Brasil)

Pépin, Charles
  O planeta dos sábios : Enciclopédia de filósofos e filosofias / Charles Pépin ; ilustrações de Jul ; tradução de Julia da Rosa Simões. — 1ª ed. — São Paulo : Claro Enigma, 2014.

  Título original: La Planète des Sages : Encyclopédie Mondiale des Philosophes et des Philosophies.

  ISBN 978-85-8166-095-0

  1. Literatura infantojuvenil I. Jul. II. Título

13-12253   CDD-028.5

Índice para catálogo sistemático:
1. Literatura juvenil 028.5

[2014]

Todos os direitos desta edição reservados à
EDITORA CLARO ENIGMA
Rua Bandeira Paulista, 702, cj. 71
04532-002 — São Paulo — SP — Brasil
Telefone: (11) 3707-3531
www.companhiadasletras.com.br
www.blogdacompanhia.com.br

SUMÁRIO

DESCARTES, RENÉ, 5
MONTAIGNE, MICHEL DE, 7
KIERKEGAARD, SÖREN, 9
DIÓGENES, O CÍNICO, 11
NIETZSCHE, FRIEDRICH, 13
LEIBNIZ, GOTTFRIED WILHELM, 15
HEIDEGGER, MARTIN, 17
CONFÚCIO, 19
SÃO TOMÁS DE AQUINO, 21
HERÁCLITO, 23
TOCQUEVILLE, ALEXIS DE, 25
FOUCAULT, MICHEL, 27
BAKUNIN, MIKHAIL ALEKSANDROVITCH, 29
ROUSSEAU, JEAN-JACQUES, 31
BACHELARD, GASTON, 33
HEGEL, GEORG WILHELM FRIEDRICH, 35
OS CÉTICOS, 37
DERRIDA, JACQUES, 39
SANTA TERESA D'ÁVILA, 41
VOLTAIRE, 43
WITTGENSTEIN, LUDWIG JOSEF JOHANN, 45
SADE, MARQUÊS DE, 47
HOBBES, THOMAS, 49
SANTO AGOSTINHO, 51
BUDA, 53
LEVINAS, EMMANUEL, 55
NEWTON, ISAAC, 57
PASCAL, BLAISE, 59
ERASMO, DESIDÉRIO, 61
SÊNECA, 63
SCHOPENHAUER, ARTHUR, 65

MAIMÔNIDES, 67
LAMAÍSMO, 69
JANKÉLÉVITCH, VLADIMIR, 71
HUME, DAVID, 73
WEIL, SIMONE, 75
ARISTÓTELES, 77
ESPINOSA, BARUCH, 79
BERGSON, HENRI, 81
BENJAMIN, WALTER, 83
MORUS, THOMAS, 85
BAUDRILLARD, JEAN, 87
MARX, KARL HEINRICH, 89
LÉVI-STRAUSS, CLAUDE, 91
CHUANG TZU, 93
AVERRÓIS, 95
ESCOLA NORMAL SUPERIOR, FILOSOFIA, 97
KANT, IMMANUEL, 99
MAQUIAVEL, NICOLAU, 101
DEBORD, GUY ERNEST, 103
HUSSERL, EDMUND, 105
BOURDIEU, PIERRE, 107
COLLÈGE DE FRANCE, 109
EPICURO, 111
ARENDT, HANNAH, 113
DELEUZE, GILLES, 115
FREUD, SIGMUND, 117
PLATÃO, 119
MONTESQUIEU, CHARLES LOUIS DE, 121
SARTRE, JEAN-PAUL, 123

ÍNDICE REMISSIVO, 124
BIOGRAFIAS, 127

DESCARTES

Filósofo e matemático francês (1596-1650), inventor da "dúvida metódica" e da "moral provisória", autor das Meditações metafísicas *e do* Discurso do método, *no qual escreve algo que se assemelha a "penso, logo existo".*

Descartes queria reformular completamente o conhecimento humano, queria fornecer provas racionais da existência de Deus — ele realmente não era desprovido de ambições intelectuais! Mas tomou o cuidado de frisar que esse tipo de verdade não ajudaria em nada a vida cotidiana.

O que fazer, por exemplo, se você se perder em uma floresta? Pensar? Com certeza, não! Escolha qualquer direção e se mantenha nela, propõe Descartes, caminhe sempre em linha reta e você acabará encontrando a saída — é uma questão de vontade, não de inteligência! Se pensasse demais, você poderia mudar de estratégia várias vezes ou andar em círculos até morrer. Diante de móveis "faça você mesmo", nos sentimos em uma floresta ao cair da noite. Nosso pior inimigo é o pensamento e o maior aliado, a vontade de simplesmente seguir as instruções do manual. Foi o que Descartes compreendeu logo depois da cena retratada nos quadrinhos. O mundo da ação não é o mundo das verdades metafísicas. O mundo das verdades metafísicas é o mundo do pensamento, da busca de evidências. Já o mundo da ação obedece a outras regras: agimos no terreno da dúvida, esperando por uma luz que, hipoteticamente, irá se apresentar. Necessitamos dessa vontade, que segundo Descartes é infinita, para compensar os limites do nosso pensar.

M: Oi, vc vem mto aki?
B: d+ 😊

M: C tem algum hobby?
B: Esporte (futebol), games, música (R&B)

M: Blz. Eu tb curto a vibe ;)

B: C tá em Bordeaux?
M: Yes, e vc?

B: Yes, otimuu! :o
M: Esse lugar eh d+ para fazer amigos!

B: Vamu se encontrah?

M: Naquela lanchonete, 13h.

B: Pra gente se reconhecer: leve o último CD da Beyoncé.

MONTAIGNE! O QUE VOCÊ ESTÁ FAZENDO AQUI?

LA BOÉTIE! VOCÊ DE NOVO!

MONTAIGNE

Escritor e filósofo francês (1533-92), autor de um único livro, chamado Os ensaios, *que levou a vida toda para escrever e que fundou o ensaio moderno. É nesse livro que está a frase de Montaigne que causou escândalo na época: "Não tenho outro projeto que o de retratar a mim mesmo".*

"No mais belo trono do mundo, continuamos sentados sobre nosso traseiro." Criador de frases como essa, percebe-se que Michel de Montaigne não foi um filósofo como os outros. Magistrado, soldado, diplomata, prefeito de Bordeaux, mulherengo, casado e — além de tudo isso — autor de *Os ensaios*. Ao contrário dos grandes criadores de sistemas, que sacrificavam tudo em busca da Verdade, ele foi um cético e um relativista que trouxe uma rajada de ar fresco para a França.

Apesar de relativista, ele conheceu pelo menos um conceito absoluto: a amizade com La Boétie, que aos dezoito anos escreveu o sublime *Discurso sobre a servidão voluntária* e que morreu aos 32. Quando lemos, nas palavras de La Boétie, que "os tiranos só são grandes porque estamos ajoelhados", entendemos por que esses dois homens precisavam se conhecer. Essas duas inteligências alimentavam uma à outra, tanto assim que Montaigne lamentou, até o fim da vida, a morte de La Boétie. Quando escreveu que "filosofar é aprender a morrer", Montaigne estava pensando em La Boétie, na maneira como seu amigo, por três dias seguidos, enfrentou dignamente a doença e a morte. *Os ensaios* pode ser entendido como um prolongamento do diálogo do jovem Montaigne com um cara legal chamado La Boétie.

* Comédia lançada em 2008 que se tornou um grande sucesso do cinema francês. A obra satiriza a região norte da França e seu modo estranho de falar.

KIERKEGAARD

Filósofo e teólogo dinamarquês (1813-55), **autor do** Tratado do desespero *e de* Temor e tremor, *que opôs a dimensão individual e concreta — existencial — da fé à fé praticada pela Igreja.*

Em primeiro lugar, não foi o espírito do norte que deprimiu Kierkegaard. Também não foi a neblina flutuante dos lagos bálticos. Foi, antes, o espírito do oeste: Hegel, o filósofo para quem a história começa no leste e termina no oeste, que personifica, aos olhos de Kierkegaard, a arrogância do conceito abstrato ocidental, de um pensamento que pretenderia superar a oposição dos contrários em sua dialética. Kierkegaard afirma, ao contrário de Hegel, a primazia da existência concreta, com suas intransponíveis contradições e sua densa angústia. A existência não é, como em Hegel, um momento da essência (Hegel apresenta a existência do mundo como uma maneira de o espírito tomar consciência de si mesmo). A existência está sempre presente. E nós estamos dentro dela, livres, mas com uma liberdade assombrosa que Sartre, citando Kierkegaard — "a angústia é a captura reflexiva da liberdade por ela mesma" —, qualificará de monstruosa. É, portanto, opondo-se a Hegel que Kierkegaard lança a pedra fundamental do existencialismo. Mas ele não se desespera apenas com o sistema hegeliano: caçula de uma família de sete filhos, em poucos anos perde a mãe e cinco de seus irmãos e irmãs. Seu pai luta contra o sofrimento desenvolvendo uma teoria delirante: uma maldição divina teria recaído sobre sua família, confiscando todos os filhos antes que estes chegassem à idade de Cristo. Kierkegaard compartilha da visão do pai por algum tempo, temendo morrer aos 33, até desmentir a maldição e chegar aos 42 anos.

Agora deixo você meditando sobre a seguinte frase de Bergson: "Sempre pedi para que não se ocupassem de minha vida [...]. Invariavelmente afirmei que a vida de um filósofo não lança nenhuma luz sobre sua doutrina".

DIÓGENES

Filósofo grego (c. 413-327 a.C.) *também chamado de Diógenes, o Cínico, ou Diógenes, o Cão. Questionou os valores sociais e morais de sua época, o respeito aos deuses e o filósofo Platão.*

Diógenes não se importava em viver em um barril. Era um homem sem muitos pudores e também um excelente pedagogo. Passeava com uma lanterna acesa em pleno dia, respondendo às perguntas dos curiosos com um enigmático: "Estou procurando o homem". O tal "homem ideal" de que Platão e outros filósofos gostavam tanto de falar. Você por acaso o viu por aí? Um dia, Diógenes segurou um frango depenado e declarou: "Aqui está o homem", parodiando a definição platônica que dizia que o homem é um bípede sem plumas. Reza a lenda que ele também perambulava entre estátuas para acostumar-se à recusa, e que no fim da vida recebeu a visita de Alexandre, rei da Macedônia, que desejava conhecê-lo. "Pede-me o que quiseres que te darei", Alexandre teria dito na ocasião. "Apenas saia da frente do meu sol", teria respondido Diógenes, antes de morrer por ter tentado roubar um osso de um cão e levado uma mordida. O homem capaz de viver como um cão é um deus, e viver como um cão significa estar o mais perto possível do corpo e o mais longe das convenções. Esse era o pensamento de Diógenes, o Cínico — sendo que a palavra "cínico" vem de *kunikós*, que significa "canino" em grego. Enquanto Sócrates era irônico, pois queria fazer os cidadãos reagirem, mas para que progredissem, Diógenes era cínico, porque provocava pelo simples prazer de chocar o cidadão. Afinal, ele não acreditava no progresso de ninguém. Talvez a verdade do cinismo seja esta: o cinismo é um moralismo desapontado. Por 2 mil, agarre-se ao barril de Diógenes. Porque ele não tem preço.

NIETZSCHE

Filósofo alemão (1844-1900), mas acima de tudo antifilósofo (costumava opor a poesia e o aforismo ao conceito) e antialemão (criticava os alemães por seu "peso metafísico"). Anunciador da "morte de Deus" e do "eterno retorno".

Em sua obra *Assim falou Zaratustra*, Nietzsche, mais profeta que filósofo, dá a palavra à Vida, e eis o que ela diz: "Vê, eu sou aquela que sempre precisa superar a si mesma". A vida é essa força, dinâmica e não estática, que nos habita quando somos capazes de afirmar nossa existência. A "vontade de poder" não é a vontade de esmagar os fracos (essa é uma leitura nazista), mas diz respeito ao poder da vontade individual: vontade de afirmar *toda* nossa existência, o bom nela e o mau, em "um grande sim à vida". É por isso que, na verdade, "tudo que não mata fortalece". Pois tudo o que agride a vida provoca a vida, pois a vida se defende quando atacada; ela se afirma em contato com o que a ameaça. A maioria dos filósofos ocidentais (Platão, Descartes, Kant...) arrogantemente definiu a superioridade da espécie humana sobre os animais como "própria do homem". Nietzsche não. Segundo ele, o homem às vezes é inferior ao animal, que é capaz de viver plenamente o presente. O homem é, muitas vezes, apresentado como um animal doente, enfraquecido por maus instintos. A "filosofia da vida" de Nietzsche o aproxima ao enigma da vida animal, tão longe e ao mesmo tempo tão perto de nós. Ele poderia ter escrito esta magnífica frase de Hölderlin: "quem ama o mais vivo, pensa mais profundo". Entre os animais e nós, Nietzsche vê uma diferença apenas de grau, e não de natureza. Em 1888, certa manhã, ele se jogou aos pés de um cavalo que estava sendo açoitado por um cocheiro, em pleno acesso de loucura, do qual não se recuperou jamais. Por aí você pode entender por que os quadrinhos ao lado não condizem com as ações do filósofo. Nietzsche nunca teria feito mal a uma pobre galinha. Ele teria se ajoelhado perante ela e perguntado em voz bem baixa: "Diga-me, penosa, qual é o teu segredo?".

LEIBNIZ

Filósofo, matemático e diplomata alemão (1646-1716), "gênio universal" e pai da lógica moderna. Ele inventou o cálculo infinitesimal ao mesmo tempo que Newton e idealizou uma máquina de calcular melhor que a de Pascal. Aos 28 anos, tentou dissuadir Luís XV de conquistar a Alemanha. Entre suas obras estão: A Monadologia *e* Ensaios de teodiceia.

Leibniz é mesmo "superirado", falando sério. Segundo ele, existe uma infinidade de pontos de vista que se reúnem no ponto de vista de Deus, que é inacessível. O mundo é feito de "mônadas": almas indivisíveis que expressam, cada uma, todo o universo. Você é uma mônada. Seu cachorro é uma mônada. O cigarro que alguém está fumando é uma mônada, um outro cigarro é outra mônada, não existem duas iguais. Em você, em seu cachorro, em cada cigarro, existe todo o universo resumido — embora de maneira diferente! Mais ainda: as mônadas estão fechadas ao resto do mundo; não interferem umas nas outras. Entendo sua surpresa: e quando você briga com o seu cachorro? E quando você acende um cigarro? Seu cachorro latindo, seu cigarro queimando... Você é a causa disso, certo? Pois bem, não. A "causalidade" é ilusória: tudo é ordenado por uma "harmonia preestabelecida" por Deus! Mas e as ondas? Bom, quando Leibniz fala em ondas, ele finalmente está falando de algo que nos diz respeito. Um homem caminha na direção do mar. Por um bom tempo, ele não ouve o ruído das ondas e então começa a ouvi-lo. O que aconteceu? "Pequenas percepções inconscientes" se somaram até cruzar o limiar da consciência. Sim, você leu direito: Freud já está em Leibniz. Leibniz afirma que, entre o inconsciente e o consciente, existe apenas uma diferença de grau. Ele verá essa "lei de continuidade" em tudo: entre o verdadeiro e o falso, entre a matéria e a alma, entre o repouso e o movimento. Leibniz está esperando a onda. O mar está calmo mas, dentro dele, secretamente, atuam forças, somam-se pequenos elementos. E quando a onda vem Leibniz conclui que ela tem uma "razão suficiente" para existir — o mundo também, aliás.

HEIDEGGER

Filósofo alemão — nazista? — que viveu entre 1889 e 1976. Foi aluno de Husserl e construiu toda a sua obra sobre a diferença entre o "ente" e o "ser", além de influenciar fortemente o movimento existencialista. Principais obras: Ser e tempo, Que é metafísica?

Um pouco excessivo, esse cartum, convenhamos... Heidegger talvez tenha votado no partido nazista em 1932, mas ele nunca achou que era o Mickey! E não é porque em seu primeiro texto, publicado aos 21 anos, em 1910, o jovem Heidegger já fazia a apologia de um pregador agostiniano justificando os *pogroms* contra os judeus, que podemos nos permitir qualquer coisa, como desenhá-lo nu e com pelos nos ombros caídos. A referência à Ku Klux Klan também é um pouco abusiva, acho. Não é porque, em 1934, logo depois da Noite das Facas Longas, Heidegger se celebrizou por participar de um projeto de academia dos professores do Reich, que ele teria se aliado a imbecis violentos escondidos sob chapéus de burro. Além disso, Heidegger tinha boas maneiras. Prova disso é o pequeno bilhete que ele endereçou, em 1960, ao diretor do Instituto de Higiene Racial, Eugen Fischer, o "raciólogo", que inspirara o dr. Mengele durante a Segunda Guerra Mundial: "Cordiais saudações de Natal e votos de Ano Novo". Veja você: o refinamento em pessoa, realmente nenhuma relação com um torcedor do Paris Saint-Germain (PSG). Ele morreu em 1976, sem dizer nenhuma palavra de pesar pelos milhões de judeus assassinados pelos nazistas — mas tido como uma espécie de guru e incensado por todos, inclusive antigos membros da Resistência, como o poeta René Char ou o filósofo Jean Beaufret. Tudo isso é difícil de entender. Sua obra também, aliás... A história do ocidente é redefinida como um imenso "esquecimento do ser", mas ninguém sabe muito bem de que "ser" se trata. O filósofo convida ainda ao retorno de uma linguagem poética em um jargão muitas vezes abstruso, afirma que "a ciência não pensa" e conclui que é impossível filosofar, a não ser em grego ou alemão. Aliás, é por isso que a referência ao reggae jamaicano também me parece inadequada.

CONFÚCIO

Filósofo (551-479 a.C.), fundador do "humanismo chinês", influenciou como nenhum outro a civilização chinesa; fonte do confucianismo, doutrina política e social transformada em "religião de Estado" a partir da dinastia Han e banida — ao menos oficialmente — em 1911.

"Para pôr ordem no mundo, precisamos primeiro pôr ordem na nação; para pôr ordem na nação, precisamos pôr ordem na família; para pôr ordem na família, precisamos cultivar nossa vida pessoal; e para cultivar nossa vida pessoal, precisamos primeiro consertar nossos corações." Assim falava Confúcio. Tudo está interligado no âmago da harmonia cósmica: a ordem política e a ordem íntima, a ordem social e a ordem familiar, a ordem dos pratos no cardápio B e a própria ordem do mundo. Daí a força dos rituais, tão precisos, que determinam uma maneira de ser na ordem cósmica. Esta é uma ideia pouco ocidental. Os antigos do ocidente distinguiam esfera pública e privada. Para um grego, a esfera pública, por exemplo a da deliberação democrática, era o local da liberdade e da atualização das capacidades humanas, enquanto a esfera privada, a da economia, do trabalho, da família, era a da dependência e da coação. Impossível pensar a harmonia dentro da família como tendo qualquer relação com a harmonia política. Para se tornar cidadão, o homem grego precisava fugir da família: muito diferente da harmonia cósmica confuciana, que fusiona em seu seio todas as esferas da existência. Para os modernos do ocidente é o contrário: a esfera privada se torna o local da realização de si, e a esfera pública o local da coação. Mas se os modernos se opõem aos antigos, ambos se opõem à China. Com algumas exceções: Platão e sua cidade ideal, Leibniz e sua "harmonia preestabelecida", Espinosa e seu pensamento do Todo... Platão, Leibniz, Espinosa: os mais chineses dentre nós?

SÃO TOMÁS DE AQUINO

Filósofo e teólogo (1224-74) canonizado em 1323, quis demonstrar a não contradição entre o pensamento cristão e a filosofia aristotélica, portanto entre fé e razão.

Há duas grandes maneiras de querer "provar Deus". Partir da ideia de Deus para chegar à sua existência ou partir da existência do mundo para chegar a Deus. Santo Anselmo e Descartes optaram pela primeira, São Tomás optou pela segunda. Resultam disso, em sua *Suma teológica*, cinco provas.

1) Prova "pelo movimento". As coisas estão constantemente em movimento, é preciso que haja um "primeiro motor não movido": Deus.
2) Prova "pela causalidade eficiente". Na natureza, todos os efeitos são causas, é impossível voltar ao infinito de causa em causa, é preciso que haja uma "causa primeira": Deus.
3) Prova "pela contingência". Existem no Universo coisas necessárias que não têm em si mesmas o fundamento de sua necessidade: esse fundamento é Deus.
4) Prova "pelo grau dos seres". Existem perfeições nas coisas (bondade, beleza, amor...), mas em graus diferentes. Apenas um ser perfeito pode ter concebido tantas perfeições, porque possui todas elas: Deus.
5) Prova "pela ordem do mundo". Observamos uma ordem na natureza, bem como no corpo humano. Toda ordem deve ter sido pensada e comandada.

Então, convencido? Esse é o problema de São Tomás de Aquino. Suas "provas" — ele mesmo admite — são mais "caminhos" do que provas. Ele queria demonstrar que *também* era possível chegar a Deus por meio da razão natural. A filosofia bem podia ser a "serva da teologia", mas o essencial continuava sendo a fé, a verdade do coração iluminado. Por que então cansar-se com pseudoargumentos? Será possível amar a filosofia e aceitar que ela seja apenas uma "serva" da teologia? A charge mostra bem isso: o que São Tomás mais gosta é quando o grande vento da fé encobre a razão. Ver Deus com os olhos do coração e não com os do intelecto.

HERÁCLITO

Filósofo grego, pré-socrático (c. 540-c. 480 a.C.), às vezes chamado de Heráclito de Éfeso, cidade onde nasceu, ou de Heráclito, o Obscuro, pois amava as máximas paradoxais e não gostava de pontuação. Ele pensou o devir (Hegel o evocará) e o eterno retorno (Nietzsche o evocará): fala-se do "mobilismo" de Heráclito.

O suspense é insuportável: ele pulará ou não? A página dos quadrinhos é realmente perversa: ela termina logo antes que o gesto de Heráclito, o Obscuro, esclareça um pouco sua frase genial. "Nunca entramos duas vezes no mesmo rio." E por que não? As famílias em geral não voltam, nas férias, sempre para a mesma praia? Heráclito não deixou uma obra: somente alguns fragmentos dispersos que chegaram até nós daquele tempo distante, antes de Sócrates e Platão. Mas eles são suficientes para compreender o sentido de seu rasgo de gênio: "Nunca entramos duas vezes no mesmo rio". Na segunda vez, de fato, tendo avançado incessantemente em um movimento perpétuo, o rio não será mais "o mesmo". Ele terá mudado. Além disso, eu também terei mudado. "Tudo corre, tudo flui", dirá Heráclito para criticar a ideia de permanência, de essência, de identidade. A vida não passa de eterno devir, mudança sempre recomeçada. Heráclito se opõe a Parmênides, outro pré-socrático, para quem a verdade é una e imóvel. Por fim compreendemos: Heráclito acabará pulando. E inclusive com alegria, encantado de respingar em todo mundo sua radicalidade. Mais de 25 séculos depois, esses respingos ainda provocam todos os que gostariam de acreditar na permanência, na verdade eterna ou na identidade individual.

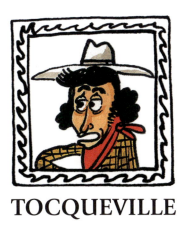

TOCQUEVILLE

Pensador político francês (1805-59), filho da nobreza normanda (ele é bisneto de Malesherbes e sobrinho do irmão mais velho de Chateaubriand) tornado célebre por suas análises sobre a Revolução Francesa e a democracia americana.

No gênero aristocrata contemporâneo de uma democracia nascente, já tivéramos Platão, que não havia sido gentil com a democracia. Via nela "o poder sem o saber", o regime do ressentimento: como homens há tanto tempo privados do poder poderiam, uma vez no poder, não abusar dele contra seus antigos líderes? Tocqueville, ao viajar para os Estados Unidos, constatou naquela democracia nascente o triunfo de outra paixão negativa: "o igualitarismo". Como homens, que agora tinham "o mesmo" direito de voto, poderiam de fato aceitar não ter as mesmas casas, não ter os mesmos anões de jardim? Com uma linguagem imponente, ele denuncia a incompatibilidade dessa "paixão pela igualdade" com o "amor pela liberdade", e a confusão entre igualdade política e igualdade social. Os homens não se contentam em ser *iguais* (politicamente), eles querem ser os *mesmos* (socialmente, economicamente). Apesar desse período democrático ser um progresso histórico, ele também será um período de conformismo e de declínio dos valores aristocráticos: coragem, honra... A grande originalidade de Tocqueville foi ter percebido que um progresso para a humanidade pode vir acompanhado de um retrocesso para o indivíduo: a partir de então, qualquer "indivíduo democrático" se sentirá autorizado a ser o que é, por mais medíocre, comum e alcoólatra que ele seja, porque "tem *o direito de*", porque "ainda estamos em uma democracia!". Ele acabará com um "a escolha é minha" ou algo do tipo, por menos legítimo que seja seu direito de "expressar-se". Como o aristocrata Tocqueville pôde ser tão lúcido, tão visionário? Foi preciso que sentisse no fundo de si mesmo — e não apenas visse à sua volta — os prejuízos da chegada ao poder desse indivíduo democrático.

FOUCAULT

Filósofo francês (1926-84), professor no Collège de France, muito engajado social e politicamente, que tentou fundar uma nova moral apoiando-se na antiga e bela visão da filosofia como transformação de si.

Michel Foucault se interessou pelos loucos, pelos prisioneiros, por Diógenes, por Manet, pela "consciência de si" dos gregos e pela história da sexualidade. Nietzsche proclamara "a morte de Deus", Michel Foucault se tornará famoso anunciando "a morte do homem". Partindo do desenvolvimento das ciências humanas nascidas no século XIX (sociologia, história, economia...) e das diferentes "estruturas" supra-humanas que elas revelam na história, ele recoloca em questão a figura clássica do homem livre, sujeito de seus desejos e de suas escolhas. Questiona duplamente: tanto esse homem é uma invenção recente na história da humanidade, como seu fim está próximo. Precisamos compreender a que ponto somos o produto dessas estruturas sociais ou históricas. Em suma, é matéria para granjear muitos amigos. A verdade, para Michel Foucault, é apenas uma relação de poder que muda ao longo do tempo. Um exemplo: o louco. Ontem percebido como mensageiro divino, hoje um simples doente mental, não há uma verdade acerca dele; a maneira como o consideramos varia segundo os sistemas de pensamento e de poder. O saber é dependente das lógicas de poder. Foi assim que a necessidade de enclausurar os loucos foi teorizada, como que por acaso, no momento em que os primeiros grandes hospitais eram construídos. É fácil imaginar Michel Foucault abraçando a carreira de baby-sitter, a alegria que seria para ele observar "a morte do homem" em ação nas crianças. Ou para se questionar sobre a maneira como a representação da criança, a exemplo da do louco, varia no tempo — em suma, para verificar *in locu*, todo flechado e amarrado com uma corda de pular, sua tese da verdade como relação de poder.

BAKUNIN

Anarquista russo (1814-76), influenciado, como Marx, pelos jovens hegelianos de esquerda, depois revolucionário profissional, opondo a Marx um socialismo libertário.

"Em que você está pensando, Bakunin?" Fácil... Bakunin só pensava na revolução. Em libertar o homem de todas as amarras. Em explodir ao mesmo tempo Deus, o Estado e o capital. Libertário, anarquista, ele se opôs ao molengão do Marx dentro da I Internacional Socialista. Ele, com isso, acabou "explodindo" a Internacional! Enquanto Marx propunha criar impostos sobre o recebimento de heranças, enquanto o capitalismo não estivesse totalmente extinto, Bakunin defendia a abolição total e imediata das sucessões. Dizer que Bakunin apenas "pensou" na revolução é um pouco inexato. Ele mais que a *fez*. Percorreu a Europa, de barricada em barricada, para despertar em toda parte a chama revolucionária. Ele foi um profissional, um ativista. Teve um papel central, em 1849, por exemplo, na insurreição de Dresden contra o rei da Saxônia. Condenado à morte e depois entregue à Rússia, sua pena foi comutada para trabalhos forçados perpétuos, e ele foi encarcerado na famosa Fortaleza de Pedro e Paulo, em São Petersburgo, depois deportado para a Sibéria, de onde fugiu. Bom, você já viu. Ele não era do tipo que terminava os livros que começava a escrever, a ação revolucionária nunca deixava-lhe tempo para isso. Não era do tipo que tira finais de semana tranquilos com a amada (que existia, no entanto, e se chamava Antonia). Ele era antes do tipo que desaparecia com sujeitos suspeitos ao chegar na estação de trem. Um dia, Antonia contou-lhe que esperava um bebê, mas que o filho não era dele. Ele até que aceitou bem. Não ficou ressentido: nunca houvera um fim de semana na praia e nunca haveria; a revolução seria para sempre o seu único amor.

ROUSSEAU

Escritor e filósofo suíço (1712-78), inspirou Kant e a Revolução Francesa com uma obra decisiva intitulada Do contrato social *(1762), e também certa pedagogia moderna com seu livro* Emílio. *Seus textos literários* (As confissões, Os devaneios do caminhante solitário...) *também fazem desse misantropo um dos fundadores da autobiografia moderna.*

"Com o progresso, sabemos o que ganhamos, mas não sabemos o que perdemos." É em pleno Século das Luzes, em plena idolatria do progresso, que Rousseau lança essa frase como uma banana de dinamite. Ele é o primeiro — o primeiro reaça? — a propor que desconfiemos do "progresso", observando que um progresso nas ciências ou nas artes pode vir acompanhado de um retrocesso moral. Segundo ele, o "homem natural" era bom, capaz de "piedade natural", mas a sociedade o havia pervertido, tornando-o invejoso e ciumento, mergulhado no mundo da *representação*. Rousseau opõe com genialidade o teatro à festa. O teatro é o símbolo da sociedade moderna. Nele, os homens não estão juntos: de um lado os atores, do outro os espectadores; as desigualdades e a representação triunfam. O teatro é a morte da festa. E não me diga que não concorda com isso. Na festa, pelo contrário, não há ator nem espectador, ou então cada um é ambos: nela estamos de fato juntos, iguais perante o mundo. Como então restaurar a igualdade perdida? Rousseau felizmente propõe outra coisa que não despir-se e correr nu pela floresta. Mas o quê? Tornar-se verdadeiro cidadão: votar as leis, tentando fazer com que prevaleça, dentro de si, no âmago de seu desejo, o interesse geral sobre o interesse particular. A lei se tornaria então "a expressão da vontade geral". "Segunda natureza" dos homens, ela restauraria a igualdade perdida. Viver junto voltaria a ser uma festa. Idealista? Sim, Rousseau sabe muito bem disso, podemos vê-lo em seu rosto depois do striptease. Ele é um idealista que leva uns tapas e então se torna realista. "Seriam necessários deuses para dar leis aos homens", conclui amargamente em *Do contrato social*. Somente os deuses, de fato, poderiam ver — e querer — o interesse geral.

BACHELARD

Filósofo francês (1884-1962) que estudou a ciência (o pensante) e o devaneio (o pensativo), duas formas opostas de expressão do espírito humano.

Felizmente, Gaston Bachelard se recompôs: não renunciou à sua Psicanálise do fogo e demonstrou o papel do fogo, com suas conotações sexuais, na poesia, no devaneio e no imaginário humano. Além disso, fez o mesmo trabalho com os outros elementos: a terra, a água e o ar. Basta ver o título de seus ensaios — *A água e os sonhos*, *A terra e os devaneios da vontade*... — para perceber a riqueza do imaginário em questão. Bachelard repensará completamente a imaginação: "Sempre se quer que a imaginação seja a faculdade de *formar* imagens. Ora, ela é, antes, a faculdade de *deformar* as imagens fornecidas pela percepção". Mas há outro Bachelard. Ao lado do poeta fascinado pela psicanálise junguiana e pelas imagens surrealistas, há o pensador da ciência: um epistemólogo que exige do espírito científico saber renunciar ao imaginário! Segundo ele, se quisermos explicar o mundo, é preciso saber dizer não às primeiras imagens que nos ocorrem, às nossas primeiras intuições, que frequentemente são errôneas. "A formação do espírito científico" exige, portanto, de nós uma... outra psicanálise: a "psicanálise de nossos erros iniciais". O próprio estatuto da verdade se verá transformado: como sempre começamos por nos enganar, a verdade se tornará "um erro retificado". E o erro — se soubermos corrigi-lo, "desorganizar o complexo impuro de nossas intuições primeiras" — participará de maneira plena da aventura do progresso. Mais vale um erro corrigido que erro nenhum... Bachelard talvez não seja muito falante, mas quando abre a boca é para emitir esse tipo de belas verdades humanistas.

HEGEL

Filósofo alemão protestante (1770-1831), contemporâneo de Napoleão, mas também — segundo ele próprio, em todo caso! — do "fim da história" e da "morte da arte". Constam entre seus principais livros: Fenomenologia do espírito, Ciência da lógica, Princípios da filosofia do direito.

A história da filosofia está marcada por um pequeno número de grandes duelos: Platão contra Aristóteles (o idealismo contra o realismo), Descartes contra Espinosa (o livre-arbítrio contra o determinismo), Kant contra Hegel (a moral da intenção contra a filosofia da ação)... O embate é muito duro e, muitas vezes, os que vieram depois — neste caso, Aristóteles, Espinosa e Hegel — é que parecem sair vencedores. Mas de maneira um pouco injusta, pois os primeiros não estão mais ali para responder-lhes.

A "filosofia pós-kantiana" de Hegel é, em primeiro lugar, uma filosofia antikantiana. A grandeza do homem, para Kant, estava na qualidade de sua intenção moral, Hegel objetará com firmeza que é na ação — e não na intenção — que o homem prova seu valor. Ele criticará Kant por pensar abstratamente demais a relação com o outro, oporá ao subjetivismo kantiano uma filosofia da objetividade, do encontro concreto do outro e do mundo. O duelo se dá em todos os níveis. Kant, por exemplo, concebia Deus como uma "ideia da razão": uma ideia na cabeça dos homens, capaz, no melhor dos casos, de regular positivamente suas vidas. Hegel pensará Deus como "a razão na história": como a *própria* história realizando efetivamente o progresso da humanidade. Deus era para Kant uma ideia, Hegel fará dele uma realidade. Deus era para Kant uma simples possibilidade, Hegel fará dele uma necessidade. O avanço da história será então, para Hegel, proporcional ao progresso de Deus... "na consciência que ele tem de si mesmo"! Isso incomodará a muitos. Vários dos que atacarão a Hegel, muitas vezes atingindo-o pelas costas, e fazendo uso de extrema violência, o farão invocando a memória de Immanuel Kant.

OS CÉTICOS

O ceticismo (do grego "skeptikos", que examina) é uma doutrina fundada por Pirro (360-275 a.C.), definida por Sexto Empírico (c. 160-c. 210) como um método de "suspensão do julgamento": visto que sempre posso opor a qualquer argumento um argumento contrário igualmente convincente, a sabedoria consiste em ficar na dúvida e suportá-la com tranquilidade.

Para os céticos da Antiguidade, como Sexto Empírico ou Pirro de Élida, a pior das imposturas é... a certeza. Ela é o alvo deles, é a ela que atacam. Se a filosofia se define pela dúvida, pelo senso crítico e pela recusa das verdades que acomodam, então os céticos são *os* filósofos por natureza. Aliás, é por isso que eles nos irritam: nós amamos o conforto das certezas, o calor das verdades recitadas ao pé do fogo. De fato, amamos "os sistemas", essas grandes construções filosóficas — o idealismo platônico, a filosofia da história hegeliana... — que tão bem sabem justificar nossa vida e lhe dar sentido. Ora, os céticos, na verdade, criticam os sistemas. Mais tarde, Descartes se fará o arauto da "dúvida metódica", e mais tarde ainda, Nietzsche pretenderá filosofar "a marteladas". No século XX, finalmente, os filósofos sempre trarão a palavra "desconstrução" nos lábios. Todos eles serão filhos dos antigos céticos. Existem, no entanto, dois tipos de ceticismo: o ceticismo radical, como o de Pirro de Élida, e o ceticismo moderado, como o de Descartes. Para Pirro de Élida, o objetivo da dúvida é... duvidar! Para Descartes, o objetivo da dúvida é, pelo contrário, cessar a dúvida. Chegar, talvez, a uma verdade. Mas, naturalmente, o importante é o "talvez", o grande risco de se perder no caminho. E de não achar o desvio tão desagradável assim.

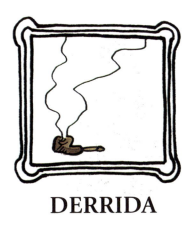

DERRIDA

Filósofo francês **(1930-2004)**, *inventor da "desconstrução"*, *autor de* A escritura e a diferença *e* Gramatologia.

Você conhece muitos filósofos que tenham sido presos por "produção e tráfico de entorpecentes"? Apesar de mentira, esta foi a única maneira que o governo tcheco encontrou para calar esse pensador engajado... Seu conceito de "desconstrução" foi muitas vezes mal entendido, caricaturado. Mas seu projeto não era fazer em migalhas o pensamento dos grandes do passado. "Desconstruir" um texto, um pensamento, é trazer à luz seus pressupostos implícitos, ideológicos, metafísicos... mostrar que o texto diz uma coisa ao mesmo tempo que dissimula outra. Mostrar o que há por trás dos textos. Muitas vezes, aliás, o que os textos ocidentais têm por trás de si, segundo Derrida, é um grande *phallus* e um *logos* exacerbado. Derrida denuncia a supremacia do "falogocentrismo" ocidental, leitura do mundo marcada pelo triunfo do masculino e do logos, pensamento que se irradiaria — desde Platão e seus diálogos — para o discurso, para a palavra, como se o texto escrito fosse apenas uma palavra congelada, pouco importante e quase morta. Derrida propõe um retorno aos textos filosóficos como a uma coisa viva que possui uma reserva de sentido a ser manifestada, e uma atenção ao estilo de escrita dos filósofos, indissociável de seus pensamentos. Surpreende que Derrida seja odiado por seus convivas, principalmente por ele ser um pensador que escreveu páginas tão belas sobre a hospitalidade. Na verdade, há uma explicação para isso: esse homem de capa, sujeito bem-falante, que sofre de logorreia aguda, e sua pobre mulher, completamente apagada, que bebe suas palavras a cântaros... Esse grande sujeito que sem dúvida nem se preocupou em responder ao convite com um pequeno bilhete... Esse casal é... a própria encarnação do "falogocentrismo" ocidental!

SANTA TERESA D'ÁVILA

Santa católica (1515-82), beatificada em 1614 por Paulo V, canonizada por Gregório XV em 1622, primeira mulher Doutora da Igreja Católica (em 1970). Reformadora dos conventos carmelitas, seu misticismo influenciou muitos, de São Francisco de Sales a Fénelon, dos jansenistas de Port-Royal a Verlaine.

E se ser homem quiser dizer representar ser um homem? O que é uma pessoa humana? "Pessoa", etimologicamente, vem de *persona*: máscara de teatro. Eu sou aquilo que pareço ser no palco do mundo. Todos temos esse lado "Actors Studio", é inclusive o que nos distingue dos animais. Não somos algo fixo, determinado, não somos um puro "alguém" dotado de uma essência ou de uma verdade oculta. Somos, escreve Sartre, aquilo que os outros enxergam de nós. Portanto, como não seríamos atores? David Bowie, filósofo do fim do século XX, escreve que começou a representar o dândi andrógeno antes de *se tornar* um dândi andrógeno. Santa Teresa D'Ávila não foge desta verdade humana: desempenhar o papel de ouvir Deus é, de fato, ouvi-lo. Começar por fazer-se de místico e acabar ajoelhado com estrelas nos olhos. A aparência não é superficial; ela inclusive é, para Hegel, aquilo pelo que o espírito toma consciência de si mesmo. O deus de Hegel precisa aparecer no palco da história para saber quem ele é. Goethe já havia dito algo análogo: "O ser não seria se não aparecesse". Aparecer, portanto, não é algo secundário: é a primeira etapa do caminho na direção de si mesmo. Assim pensam, em todo caso, Hegel e Goethe, Sartre e Merleau-Ponty, David Bowie e todos os dândis da história. No campo adversário, estão os cartesianos (se "penso, logo existo", não preciso do olhar dos outros para ser o que sou) e os freudianos (o homem é alguém em algum lugar, determinado por sua posição na história familiar). Cabe a você escolher de que lado está, decidir se Santa Teresa D'Ávila está representando ou não.

VOLTAIRE

Escritor francês (1694-1778), o homem mais célebre de seu tempo, que inventou a figura do pensador engajado (pela tolerância, pela laicidade...) e que talvez tenha sido o mais rico, graças a seus direitos autorais e aos favores dos príncipes, mas que conheceu o cárcere da Bastilha e o exílio. Seu retorno a Paris, em 30 de março de 1778, desencadeará, aliás, o que às vezes é considerada a primeira jornada revolucionária.

Que as pequeninas "bestas" fiquem tranquilas. É a Voltaire que se atribui a célebre frase: "Desaprovo o que dizeis, mas lutarei até a morte por vosso direito de dizê-lo". Portanto, é possível que fosse bastante agradável viver em seu jardim. E apesar de ter combatido com força os fanatismos de todos os tipos e "as bestas do bom Deus", ele continuou sendo um deísta: "O Universo me desconcerta, e não posso imaginar que este relógio exista e não tenha relojoeiro". Mas o deísmo não é um otimismo beato. Em *Cândido*, Voltaire acerta contas com a teoria leibniziana do "melhor dos mundos possíveis" com uma ironia mordaz que será sua marca registrada e, por muito tempo, representará o espírito francês. Segundo Leibniz, os horrores com os quais o olho humano se choca neste mundo são horrores apenas porque ele não é capaz de abarcar o ponto de vista do Todo, o ponto de vista de Deus: se ele pudesse fazer isso, veria que vivemos "no melhor dos mundos possíveis". Voltaire faz seu Cândido passar por guerras e massacres, até que a frase "o melhor dos mundos possíveis" se torne inaudível. É de imaginar o quanto ele teria aproveitado de Auschwitz, Hiroshima ou Ruanda na construção do périplo de Cândido. "É preciso cultivar nosso jardim" são as últimas, e relativamente enigmáticas, palavras de Cândido. Em outro contexto, poderíamos ver nisso um convite para adubar essa natureza que Deus nos deu. Aqui, no entanto, parece tratar-se de outro convite, no qual percebemos a influência de Locke sobre Voltaire, do empirismo anglo-saxão e dos vários anos que ele passou na Inglaterra. Cultivar seu jardim: saber não perder seu tempo com vãs especulações metafísicas, saber o preço das coisas concretas.

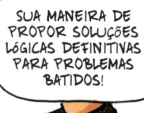

WITTGENSTEIN

Filósofo inglês de origem austríaca (1889-1951), descendente de uma família judia riquíssima. Ele cresceu ao lado de Ravel, Brahms, Klimt..., amigos de seus pais, e na escola se viu na mesma turma de Adolf Hitler antes de cursar as aulas do lógico Bertrand Russel. Por fim, ele demonstra, no Tractatus logico-philosophicus, *que a filosofia não tem objeto ou método próprios.*

A maneira como Wittgenstein trata o Cubo Mágico ilustra muito bem a radicalidade de seu método: mostrar que o problema não existe, ou que foi mal formulado, frequentemente em razão de ambiguidades linguísticas, e que a solução reside em uma prática existencial, mais do que em uma proposição teórica. A filosofia se torna, assim, a busca por uma maneira de viver que faça desaparecer os falsos problemas. É o que a sequência ao lado demonstra: o problema colocado pelo Cubo Mágico é um típico falso problema, ele só existe porque alguém o inventou. Enquanto outros, sem nem mesmo discutir a maneira como o problema é colocado, se precipitariam para tentar solucioná-lo, Wittgenstein propõe uma prática que faça desaparecer o problema: comer o Cubo Mágico. Metáfora perfeita de sua concepção da filosofia: não a construção de um sistema, mas a desconstrução das questões clássicas. Tomemos uma: "O que é um ser humano?". Em primeiro lugar, a questão só se apresenta se alguém, "um marciano", por exemplo — Wittgenstein fala muito em marcianos —, nos colocá-la. Depois, a resposta deriva de nossa *certeza* do ser. Ora, as palavras "ser" e "humano" frustram, traem essa certeza. A melhor resposta, então, é o silêncio (olhe para Wittgenstein no quadro final). "Aquilo de que não podemos falar, é preciso calar", conclui Wittgenstein, o místico, que abandonará sua prestigiosa cátedra em Cambridge para viver sozinho em uma cabana à beira-mar. Radicalmente lúcido sobre os limites da filosofia e da linguagem, ele se sonhará compositor, temendo ser vencido pela loucura.

SADE

Escritor e filósofo francês (1740-1814) que passou três quartos de sua vida adulta preso pela radicalidade, considerada blasfematória, de seus escritos (Justine ou os infortúnios da virtude, A filosofia na alcova, Diálogo entre um padre e um moribundo), *nos quais, entre cenas pornográficas repetitivas descritas com minúcia, são desenvolvidas vigorosas teses materialistas.*

É claro que o marquês de Sade é um verdadeiro filósofo. Ele inclusive é um filósofo materialista, de argumentos afiados como facas. Em *A filosofia na alcova*, ele reestrutura o ateísmo a partir de uma abordagem inédita do tema. Seu argumento é de uma eficácia notável: o verdadeiro mistério é o da existência da matéria, então por que somar a esse primeiro enigma um segundo, bastante inútil, sobre Deus? Santo Anselmo quisera demonstrar a existência de Deus partindo da ideia, presente em cada um de nós, de um "ser tal que nada podemos conceber maior que ele". Sade, genial e provocativo, o leva ao pé da letra, no fundo da Bastilha: esse ser existe sim, mas é a matéria. Mais surpreendentes são, em contrapartida, os repetidos insultos que Sade dirige a Deus, a violência de seus encantamentos blasfematórios. Se Deus não existe, por que insultá-lo? Por que tanta raiva de uma quimera? Ao ler Sade, percebemos a função excitante da blasfêmia. Mas não seria, justamente, mais excitante insultar uma pessoa que exista de fato, e inclusive que seja importante e poderosa? Este é um dos paradoxos do pensamento de Sade: e se na verdade a blasfêmia fosse incompatível com o ateísmo? E se ela revelasse a paradoxal presença de uma fé em Sade? De uma fé, ou de um desejo de fé, desejo contrariado pela ausência de Deus? E se a violência da blasfêmia fosse apenas a maneira de Sade censurar Deus por sua ausência, sua inexistência?

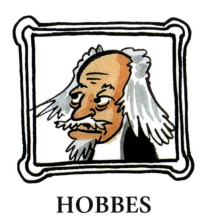

HOBBES

Filósofo inglês (1588-1679) que viveu certo tempo na França, polemizou com Descartes e escreveu uma das principais obras da filosofia política: Leviatã. *Rousseau o refutará, mas será muito influenciado por ele.*

Nossa vida inteira — toda nossa vida social pacificada — é uma gigantesca "festa Leviatã"! Cabe a você julgar se ela é um sucesso ou não. Em *Leviatã*, Hobbes inventa o contrato social fundador que os homens teriam estabelecido para "viver em sociedade". Cansados da violência do estado de natureza, da luta incessante pela sobrevivência, os homens teriam decidido confiar a um deles, o Leviatã, designado ao acaso, para garantir a segurança de todos. Cada um trocaria sua liberdade natural pela segurança social: em linhas gerais, trocaria suas armas pelo cartão do INSS. Esse pacto social fundador é um "pacto securitário". O que significa que os homens preferem a segurança em detrimento da liberdade. Hobbes é um realista, portanto. Para os idealistas, o homem prefere a liberdade em detrimento da segurança. No entanto, ao prometer a segurança, o pacto hobbesiano também promete *mais* que isso. De fato, a partir do momento que não precisamos mais lutar a cada instante para evitar uma "morte violenta", podemos, escreve Hobbes, desfrutar de "todas as doçuras da vida": cultura, comércio, amor, festas... Mas vivemos realmente em um mundo assim? Renunciamos à nossa liberdade natural, certo. Mas por acaso desfrutamos de "todas as doçuras da vida"? Para ser mais direto: estamos realmente seguros? Para alguns, a festa está no auge: parabéns, de fato, senhor Hobbes, por sua festa Leviatã... Para outros, os que nasceram do lado errado da cidade, do rio ou da periferia, trata-se de uma grande ressaca. Será que eles deveriam, então, reaver sua liberdade?

SANTO AGOSTINHO

Filósofo e teólogo cristão (354-430). Um dos quatro Pais da Igreja, é considerado, depois de São Paulo, a figura mais decisiva para o desenvolvimento do cristianismo ocidental. Autor de A cidade de Deus e A Trindade, *mas também de* Confissões, *ele aborda tanto a eternidade da alma quanto o enigma do tempo.*

Pobres policiais... Se bem que prender Santo Agostinho não foi tão equivocado assim. O delegado é que era um inculto. Pois o próprio Santo Agostinho, em suas *Confissões*, evoca sua vida licenciosa, e mesmo criminosa: "Perto de nossa vinha havia uma pereira carregada de frutos, que nem pelo sabor, nem pelo aspecto, tinham algum atrativo. Fomos, um bando de jovens patifes, sacudir e colher os frutos daquela árvore, no meio da noite, tendo prolongado nossos jogos até aquela hora, segundo nosso detestável costume, e voltamos com grande carregamento, não para aproveitá-lo, mesmo tendo-o provado, mas para jogá-lo aos porcos: pelo simples prazer de fazer o que era proibido". Então, senhor delegado, o que dizer sobre esse "simples prazer de fazer o que é proibido"? Evidentemente, Santo Agostinho tenta mostrar que mudou, fazendo uso de um estilo pomposo para falar sobre sua conversão, sobre como o jovem patife se tornou um homem de fé. Mas não temos obrigação de acreditar. O que seria de nós se os policiais engolissem tudo o que lhes contam? Basta ler o início das *Confissões* para entender com quem estamos lidando: "Vim para Cartago e vi a caldeira dos amores infames fervilhar. Minha alma estava doente, corroída de úlceras, miseravelmente ávida de se roçar às coisas sensíveis". Sim, senhor delegado, "ávida de se roçar às coisas sensíveis"... O tipo de indivíduo que não se contenta com um roubo de peras... Os dois agentes, o bigodudo e o outro, deveriam é receber uma condecoração. Sobretudo porque Santo Agostinho, acusando com violência os judeus de assassinos de Cristo, e definindo o povo judeu como um povo deicida, foi uma das mais importantes fontes históricas do antissemitismo. Existem leis nesse país, não?

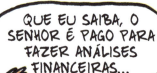

BUDA

Sábio indiano (meados do século VI a.C. até cerca de 470 a.C.), fundador do budismo, chamado de Saquiamúni ("o sábio do clã dos sáquias") ou Sidarta, antes de tornar-se Buda ("O Desperto"): aquele que propõe uma nova via para combater o sofrimento e chegar ao nirvana.

Você conhece essa sensação: dor narcísica, coração apertado... Você gostaria de desaparecer, de não ser mais esse "eu" no qual o sofrimento é amplificado. Se eu, o indivíduo, sofro, então talvez seja preciso, para não sofrer, deixar de ser um indivíduo. Um indivíduo é um núcleo indissolúvel, *indivisível*: é para ele que o cristianismo propõe a vida eterna, e dele também que o budismo convida a nos desapegar para atingir o nirvana. Reencontrar o Todo, não ser mais nada, retornar "à impermanência" de todas as coisas: este é o despertar prometido por Buda ao fim das reencarnações em tantos renascimentos — mas não renascimentos de "si", e sim renascimentos rumo à própria ausência de "si", rumo à inutilidade de qualquer "em si". Todos somos um pouco budistas quando preferimos nos dissolver no mundo para não precisarmos mais padecer de nossos infortúnios. Platão é um pouco budista quando ousa dizer, através de Sócrates, que "filosofar é aprender a morrer". Platão budista... você fica surpreso com isso? Mas "aprender a morrer" em seu corpo, ser apenas um puro espírito contemplando as ideias eternas, isso não é quase o nirvana? Saiba que Platão e Buda são quase contemporâneos. É claro, as ideias eternas de Platão brilham em um céu fixo e necessário: estamos longe da impermanência de todas as coisas. Mas você entendeu: nos dois casos, o "aqui e agora" não é interessante, e nosso corpo é uma prisão da qual é preciso aprender a fugir. Freud utilizará o conceito de "pulsão de morte" para nomear essa parte de nossa vida que visa a não mais ser, que quer seu próprio aniquilamento. E se o "aprender a morrer" platônico e a busca budista do nirvana fossem duas formas da mesma "pulsão de morte"? E se a verdadeira linha divisória não fosse a que existe entre ocidente e oriente, mas a que existe entre as sabedorias da morte e as filosofias da vida?

LEVINAS

Filósofo francês (1906-95) que renovou a questão da relação com o outro através de uma ideia sólida: "Não digo que o outro é Deus, mas que em seu rosto ouço a palavra de Deus". Autor de Totalidade e infinito *e de* Difficile liberté.

  Que foi, minha cara? Qual o problema com a minha cara? A resposta de Levinas é a única do gênero na história da filosofia. A minha cara — o meu rosto, referido acima — é o que obriga o outro, o que torna o outro *responsável* por mim. O laço moral com o outro, que Levinas chama de ética, não é, portanto, ao contrário do que foi dito por Kant, uma questão de razão: ele é sensível, físico, carnal. Estou aqui na frente de outra pessoa, com a minha cara, com o meu corpo, com essa evidência palpável de que sou frágil e, portanto, de certa maneira, de que preciso ser protegido. É essa presença real que obriga o outro a se comportar comigo como humano: a não me matar, a me respeitar. Esse laço moral com o outro começa, aliás, com a cortesia. Levinas escreve belas palavras sobre a expressão "você primeiro, por favor", que a seu ver resume a civilização. Ser um "eu" humano equivaleria a pensar que o outro passa na minha frente. Seria bom acreditar nisso... Essa filosofia contrasta com a história, em especial com a do século XX: com a violência, com a barbárie dos homens. Levinas, aliás, perdeu grande parte de sua família nos campos de extermínio. Podemos, portanto, interpretar sua filosofia de duas maneiras. Ou ele tira consolo de um ideal, da relação com o outro tal qual esta *deveria ser*, sabendo, no fundo de si mesmo, que ela nunca será assim. Ou ele justamente tem a ambição de refundar a ética, no momento em que esta é mais necessária.

NEWTON

Matemático, filósofo, alquimista e astrônomo inglês (1642-1727). Às vezes considerado o maior gênio de todos os tempos. Ele descobriu a gravitação universal, fundou a mecânica clássica e inventou, paralelamente a Leibniz, o cálculo infinitesimal.

Imagine o seguinte: chega a noite e você vai passear no campo. Uma maçã cai repentinamente de uma árvore. Ao erguer os olhos para o céu e ver uma bela lua cheia, ocorre-lhe a *ideia* de que a lua, lá no alto, e a maçã, aqui embaixo, obedecem a uma mesma lei. Que é a mesma força que faz a maçã cair e que atrai a lua na direção da Terra. A maçã cai, a lua gira: mas trata-se de *uma mesma força*. Foi assim, segundo Voltaire, que Newton intuiu a atração universal. A lua, como a maçã, cai na direção da Terra, com a diferença de que a lua nunca atingirá a Terra, que se afasta incessantemente. Não há mais divisão entre o céu e a terra. Não surpreende que Newton se sinta tão à vontade em um paraquedas.

Decorre disso o fim de Aristóteles, dos gregos, da visão em que o Mundo Celeste e o Mundo Terrestre obedecem a regras diferentes. Existe apenas um único mundo, em que atuam as mesmas leis universais. Aliás, não seriam elas... o outro nome de Deus?

Agora imagine o seguinte: é dia, e você vai passear no campo. Uma maçã repentinamente cai de uma árvore, em linha reta, pesada. Logo depois, uma folha cai, leve, esvoaçante, como que suspensa, a cada movimento, por sua própria leveza. É preciso um olho de gênio para *ver* a mesma lei sob essa aparente diferença de comportamento. Newton não se contentará em vê-la: ele a matematizará. Quando, ao fim de sua vida, lhe perguntarem como é ter explicado todo o Universo através da própria mente e de equações, ele responderá: "Apenas brinquei como uma criança à beira-mar, tendo por sorte encontrado uma concha mais bonita, ou um cascalho mais liso, enquanto o grande oceano da verdade permanece ignorado à minha frente".

PASCAL

Filósofo, escritor e cientista francês (1623-62), inventor da máquina de calcular mecânica, libertino e depois apologista do cristianismo, autor de um livro importante, os Pensamentos, *publicado depois de sua morte, que reúne suas anotações dispersas e procura demonstrar a "miséria" do homem sem Deus.*

　　Estranho, esse Pascal... Por um lado, ele ridiculariza as pretensões de todos os que tentaram demonstrar racionalmente a existência de Deus. "Deus é experimentado, e não provado": é uma "verdade do coração", não "da razão", encontrada no fundo de si, no silêncio de seu quarto, no segredo da esperança, não em um sistema de equações racionais. Por outro lado, com sua famosa "aposta", ele mesmo parece se colocar ao lado daqueles que antes criticava, pois essa "aposta" faz uso de uma argumentação que pretende demonstrar que é de nosso interesse acreditar em Deus. Vejamos. Primeiro caso: acredito em Deus. Se ele existir, ganho tudo, a vida eterna e o paraíso, e se ele não existir, não perco nada: terei ao menos vivido virtuosamente. Segundo caso: não acredito em Deus. Se ele não existir, não perco nada, mas se ele existir, perco tudo: não há lugar no paraíso para os que não creem. Portanto, é de meu interesse acreditar em Deus, apostar nele. Trata-se de uma aposta racional. Como Pascal pôde ao mesmo tempo criticar a via racional na direção de Deus e depois utilizá-la? É que no momento de sua "aposta", ele se dirige aos libertinos, aos ateus, que só dão ouvidos a argumentos racionais. A verdade da fé está alhures, mas ele aceita, para falar *com eles*, mostrar-lhes que mesmo através de uma argumentação simples chega-se à ideia de que é preciso acreditar em Deus. No entanto, não deve ser fácil viver assim. Foi o que percebeu o garçom, apesar de sua aparência rude. Propor que Pascal jogue bingo é convidá-lo a encontrar um tipo de aposta menos racional que a das corridas, uma aposta livre de argumentação, de qualquer razão para escolher um número ou outro. Um santo, talvez, esse garçom mal barbeado... Ele convida Pascal a reconciliar a aposta com o mistério, com a verdadeira fé: aquela que nada pede à razão.

ERASMO

Humanista e teólogo holandês (1469-1536), figura central do Renascimento tardio, que se opôs a Lutero, em nome do livre-arbítrio, com polêmicas muito violentas. Autor da obra-prima Elogio da loucura. *Único porém: seu nome. Um grande humanista pode mesmo se chamar Desidério?*

"Segure no pincel... vou tirar a escada!" Parece uma loucura, uma piada absurda... Mas a insensatez pode ter sentido: esta é a grande ideia por trás de *Elogio da loucura*, de Erasmo. Como não perceber que "Segure no pincel" quer dizer "Conte apenas com sua arte, pare de se prender às convenções sociais"? Como não perceber que "vou tirar a escada" significa "vou privá-lo de todas as muletas, de todos esses degraus pretensamente necessários, para obrigá-lo a mergulhar completamente em sua arte"? Em *Elogio da loucura*, escrito ao longo de apenas uma semana na casa de seu amigo Thomas Morus (!), é a loucura que fala: ela é a narradora. Essa foi a melhor maneira de Erasmo, burlesco e sarcástico, criticar o seu tempo, as superstições de seus contemporâneos, as pseudopráticas piedosas dos católicos, os ridículos pedantes, os teólogos, os cortesãos... A opção é ao mesmo tempo eminentemente filosófica — adotar o ponto de vista da loucura para revelar o mundo de outra maneira — e profundamente literária — colocar-se na pele de um narrador improvável, conseguir ver o mundo por seus olhos. Por isso, *Elogio da loucura*, de Erasmo, será um dos livros que mais influenciarão a literatura ocidental. Os escritores procurarão "ser perturbados" o máximo possível: se colocam na pele do mais louco narrador, o mais fora do normal — uma barata, uma truta, Deus, um *serial killer* financista... — para tentar abrir os olhos dos que nada querem ver. É um elogio da loucura, portanto, na medida em que ela nos devolve a razão.

SÊNECA

Filósofo estoico, dramaturgo e estadista romano (4 a.C.-65 d.C.), conselheiro da corte imperial de Calígula, preceptor e conselheiro de Nero. Entre suas obras figuram: Sobre a brevidade da vida, Cartas a Lucílio, Medeia, Édipo, Fedra...

Filosofar para se preparar para a morte... Isso funciona afinal? Platão já o dissera: "Filosofar é aprender a morrer". Epicuro também: "Quando somos, a morte não está, e quanto ela está, nós é que não somos". Mas os estoicos vão mais longe: a luta contra o medo da morte se torna o *tom* de sua sabedoria. "Temem o exílio, a pobreza, a morte", escreve Sêneca, "é preciso provar a esses covardes que os objetos de seu terror não passam de vãos fantasmas [...]. O que é a morte, afinal? Uma necessidade da natureza. Não importa a hora em que será preciso pagar essa dívida." Uma objeção, e uma considerável: eles querem nos preparar para a morte, mas não sabem o que ela é! Quando um técnico prepara um atleta para uma competição, é porque ele tem experiência em competições, muitas vezes tendo sido ele próprio um campeão. Ora, ninguém nunca experimentou a morte; ninguém nunca voltou para contar. Conhecemos as premissas da morte — doença, velhice —, suas consequências — luto, tristeza, hora marcada com o advogado —, mas não conhecemos a morte. Daí os limites do método de Sêneca: pensar nela o máximo possível para apreendê-la. Ainda seria preciso saber em que pensar, pois é justamente não sabê-lo que nos angustia (olhe a cara de Sêneca embaixo à esquerda). Mas há também um mérito em sua teoria, e de peso: Sêneca, forçado por Nero a cortar os pulsos e ver a morte chegar calmamente, suportou a provação de maneira exemplar. É, aliás, esse mérito que chama a atenção de Montaigne: "Ao ver o esforço que Sêneca faz para preparar-se para a morte, ao vê-lo suar para se endurecer e para se tranquilizar e se debater por tanto tempo nesta tábua, eu abalaria sua reputação se ele não tivesse, ao morrer, se comportado com muita bravura". (Olhe a cara de Sêneca embaixo à direita.)

SCHOPENHAUER

Filósofo alemão (1788-1860) que deu aulas em Berlim para um anfiteatro quase deserto e contíguo ao de Hegel, que atraía multidões, antes de conhecer uma glória tardia mas imensa. Principal obra: O mundo como vontade e representação.

Todo meio-dia, Schopenhauer almoçava no mesmo lugar. Ele sentava em uma mesa para dois e pedia um segundo prato, que colocava em frente ao seu. Com isso dissuadia qualquer animal humano de sentar-se à sua mesa: ele detestava a companhia desses bichos e preferia a companhia de seu cãozinho (embaixo à direita), a quem legou sua fortuna. Schopenhauer fez à moral kantiana uma crítica em que seu pessimismo se expressou plenamente. Kant definira o imperativo moral — "deves fazer o bem"— como o único imperativo *categórico*: que sempre vale, que nunca é condicionado por nada. Ele o opusera outros imperativos, *hipotéticos*, que valem apenas sob certas condições: *"Se* quiseres ter êxito na vida, deves estudar". Schopenhauer objeta que o imperativo "moral", pretensamente "categórico", é na verdade, ele também, apenas um imperativo hipotético: os homens fazem o bem *se* os outros o fazem também. A espera de reciprocidade é que os faz agir "moralmente"; a verdadeira boa intenção não existe. Esse pessimismo tem um embasamento metafísico. Segundo Schopenhauer, uma força cega está em ação na vida: a vontade. É ela que "faz a planta crescer" e "dirige a agulha imantada para o norte", que "é encontrada nas afinidades eletivas dos corpos", tanto quanto na "gravidade que atrai a pedra para a terra". É ela, principalmente, que nos enche de um desejo que nunca será satisfeito, que sempre irá para um novo objeto e que nos condenará a um sofrimento sem fim. Para encontrar a paz será preciso, portanto, como alguns sábios hindus, saber renunciar ao desejo, saber negar o querer em si para acolher e conhecer o nada. Em suma: renunciar ao bufê livre. Podemos ver nesse desenho como Schopenhauer se saía nisso. Na vida real também, aliás: ele frequentava prostitutas assiduamente e até morrer foi obcecado por sua glória.

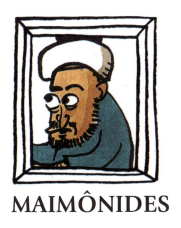

MAIMÔNIDES

Filósofo, jurista, médico e astrônomo andaluz (1138-1204), a mais alta autoridade rabínica da época, autor do Guia dos perplexos *e da* Mishné Torá (*Segunda Torá*), *a mais eminente compilação da lei judaica de todos os tempos.*

Sefardi ou asquenaze? Os argumentos se acirram em uma disputa louca e contraditória: Maimônides se sentia próximo de seu quase-contemporâneo Averróis, um árabe bastante talentoso nascido em Córdoba como ele — sefardi! Talvez... Mas Maimônides, que rejeitou com virulência as correntes místicas e emocionais do judaísmo, teve sobre São Tomás de Aquino uma influência decisiva por sua preocupação em reconciliar o amor a Deus com o conhecimento racional do mundo — asquenaze! Além disso, São Tomás de Aquino o apelidou de "águia da sinagoga" — alguém qualificaria assim um sefardi? Este é um argumento um pouco extremo, mas... Não esqueçamos, no entanto, que Maimônides também é aquele que quis tornar-se acessível ao povo, desenvolver uma linguagem não exclusiva aos sábios, um estilo menos denso e árduo do que o dos escritos rabínicos tradicionais — sefardi! Talvez, mas, como médico, ele pesquisou muito sobre a asma e considerou-a, aliás, em 1190, uma doença essencialmente nervosa — asquenaze! Mais que isso, sua obra mais conhecida é o *Guia dos perplexos*, onde, a pretexto de ajudar um sultão egípcio, ele analisa as causas da depressão e propõe maneiras de compreendê-la — asquenaze! Pode ser, pode ser... Só que o *Guia dos perplexos*, antes de ser traduzido para o hebraico, foi escrito em árabe — sefardi! Sim, mas se segundo Maimônides era preciso esperar a chegada do Messias, era essencialmente com o pretexto de entregar-se por fim aos prazeres do espírito e do intelecto — asquenaze! E faz oito séculos que a disputa continua...

LAMAÍSMO

Versão tibetana do budismo, parte da religião animista Bön, cujo último mestre reencarnado é o dalai-lama (Tenzin Gyatso, "oceano de sabedoria").

O sábio tibetano está enganado. O homem dos quadrinhos não está tentando escolher sua reencarnação, ele está se fazendo uma pergunta bem mais interessante. Ele sabe muito bem que o objetivo do budismo é o desaparecimento do eu e que isso é incompatível com o desejo de se tornar um outro eu, mesmo que mude o seu nome. Mas o mochileiro chegou do ocidente há pouco, e as coisas de que se lembra o perturbam. No ocidente, fala-se muito em budismo, muitas celebridades se convertem a ele e até praticam uma nova modalidade de ginástica (cujo nome ele não lembra, só da reportagem na tevê no domingo à noite), mas ainda e sempre dentro de uma lógica de autopromoção. Não seria este um esquecimento de que a realização progressiva do "não eu" é o objetivo final do budismo? Não seria preciso, justamente, livrar-se do eu? Mas então surge outro problema, que o enche de um pavor sem igual. Fazer do não eu uma coisa em si, querer livrar-se de seu eu, não é enganar-se da mesma forma sobre o sentido profundo do *dharma* budista, para o qual o não eu é tão inexistente quanto o eu? Se de fato o ego não existe, se ele é uma ficção, que sentido pode haver em falar dele como de uma entidade negativa da qual é preciso desfazer-se? Isso não seria continuar prisioneiro de uma atitude ocidental, dualista e agressiva? Querer livrar-se de seu ego não seria a garantia de continuar prisioneiro dele? Seus olhos estão esbugalhados, fixando intensamente o careca: querer não mais querer ainda é querer?

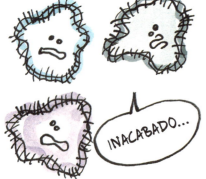

JANKÉLÉVITCH

Filósofo, moralista e musicólogo francês (1903-85), judeu e membro da Resistência, questionou-se acerca da natureza de nossas virtudes e falhas. Suas obras mais importantes são L'ironie, L'imprescritible *e* Traité des vertus (*A ironia; O imprescritível; Tratado das virtudes*).

Da vida de um autor cujas obras mais importantes têm títulos como *Le je-ne-sais-quoi et le Presque-rien* (*O qualquer-coisa e o quase-nada*), e que deu a sua mais importante coletânea de entrevistas o nome de *Quelque part dans l'inachevé* (*Em algum lugar no inacabado*), é compreensível que não se faça estardalhaço. Seria de mau gosto, contrário à delicadeza desse filósofo que, coisa rara entre eles, também sabia escrever, desse musicólogo que também conhecia a música das palavras. Basta abrir *L'ironie* em qualquer página para ver que nem todos os filósofos escrevem como Kant ou Bourdieu. Você também verá que ironia não é zombaria. A zombaria desvaloriza o outro, a ironia aposta em sua inteligência. A zombaria nos isola do outro, a ironia quer instaurar um mundo comum. A zombaria é uma careta, a ironia é um sorriso — "o sorriso do espírito". A ironia às vezes é dura, mas não quebra com a cumplicidade dos outros. "A ironia dá a mão àquele que ela desnorteia", escreve Jankélévitch belamente. É "fazer-se de esperto" tornando os outros espertos. Mas voltemos ao "quase nada", e voltemos à música. A vida, "parêntese de devaneio na rapsódia universal", talvez não passe de uma "melodia efêmera" retirada do infinito da morte. Um "quase nada", algo efêmero mas de valor eterno: o fato de ter vivido esta vida efêmera continuará sendo um fato eterno que nem a morte nem o desespero poderão aniquilar. Nem a morte, nem o desespero... nem os nazistas. Aquele que foi não pode mais não ter sido. Esta é a resposta de Jankélévitch aos nazistas, àqueles que quiseram destruir até mesmo a lembrança dos judeus. Outra de suas respostas será recusar todo e qualquer tipo de contato com a Alemanha, não ler mais nenhum autor alemão, não escutar mais música alemã — "o perdão foi exterminado nos campos de extermínio". O que — convenhamos — é pouco mais que "quase nada"...

HUME

Filósofo empirista escocês (1711-76), agente diplomático e depois secretário da embaixada da Grã-Bretanha na França, amigo de Jean-Jacques Rousseau, com quem depois rompeu, autor de Tratado sobre a natureza humana *e de* Investigação sobre o entendimento humano.

David Hume pedia para apanhar. Ao escrever, aos 26 anos, que "não é contrário à razão preferir a destruição do mundo inteiro a um arranhão em meu dedo", ele está provocando todos os filósofos moralistas, todos os que gostariam de negar que nossa razão nos leva primeiro a procurar o nosso prazer, todos os que gostariam de nos fazer crer que a razão pode mais que nossas paixões. Ele ainda atacará a razão ao escrever que é impossível deduzir que o Sol nascerá amanhã de manhã. Certo, amanhã de manhã o Sol nascerá, provavelmente, mas se sabemos isso, é através da experiência. Isso não foi deduzido! Aliás — se ocorre algum acidente astral, se essa estrela que é o Sol morre... —, ele *pode* não nascer amanhã. Com uma mistura de arrogância, realismo e ceticismo, base do seu gênio, Hume nos convida a não apresentarmos como fruto de uma demonstração racional aquilo que não é mais que um saber resultante da experiência — no caso do Sol, a experiência passada de toda a humanidade. Na verdade, Hume mais bate que apanha. Aqui, uma boa bofetada na cara da orgulhosa razão humana; ali, uma grande cabeçada nos crentes, ao afirmar que o suicídio deriva da liberdade natural do homem. A leitura de Hume será uma revelação para Kant: ela o despertará, como ele mesmo confessa, "de seu sono dogmático". Abrindo-lhe os olhos sobre os limites da razão, as ideias de Hume serão a centelha que acenderá o fogo da *Crítica da razão pura*. Hume desencadeia a cólera do proprietário do carro, e também a da metafísica e do racionalismo ocidentais... Estes sim é que, historicamente, precisaram ser levados para a emergência.

SIMONE WEIL

Filósofa francesa (1909-43), judia convertida ao catolicismo, sindicalista e membro da Resistência, autora de O peso e a graça *e de* O enraizamento.

Você sabe o que é classe para um filósofo? É coerência. É viver como se pensa; viver seu pensamento até o fim. Estar à altura da ambição da filosofia antiga: que a filosofia seja tanto uma especulação teórica como uma maneira de viver. Simone Weil tem essa classe, coisa bastante rara. Quando fala da condição operária, ela começa de fato a trabalhar em uma fábrica e escreve um belo "diário da fábrica". Quando, de Londres, ela se sente solidária aos franceses submetidos ao racionamento na França ocupada, ela decide alimentar-se com as mesmas porções que eles, e acaba morrendo. A graça, para ela, é o oposto do esforço. A santidade, portanto, não deve ser admirada: os santos não fazem nenhum esforço para ser santos; a bondade, neles, se torna natural. Simone Weil é o anti-Kant. Querer o bem, para Kant, era arrancar-se do peso do corpo e do egoísmo natural, fazer um esforço para que o bem prevalecesse. Simone Weil opõe a esse moralismo do esforço e do dilaceramento interno um puro pensamento da graça. O diretor de sua escola primária não se enganou: pela maneira com que ela jogava amarelinha, por inteiro, sem esforço, na evidência de uma pura presença. Mais tarde, o filósofo Alain será seu professor de filosofia no preparatório para a Escola Normal Superior. "Ela é tão inteligente que é possível que tenha entendido Espinosa", ele teria dito sobre essa aluna sem igual. Espinosa... Ele também tivera a coragem de viver uma vida de acordo com seu pensamento; precisou inclusive suportar o exílio e a excomunhão para poder ter a felicidade de pensar o que pensava. Espinosa e a beatitude, Simone Weil e a graça — o mesmo tipo de classe.

ARISTÓTELES

Filósofo grego (384-322 a.C.), filho de médico, aluno de Platão e preceptor de Alexandre, o Grande, fundador do Liceu, mas também do realismo ou do enciclopedismo. Sua influência foi considerável: ele foi ao mesmo tempo traduzido para o árabe, inspirando Avicena e Averróis, e comentado pelos Pais da Igreja católica. Entre suas obras mais importantes estão: Ética a Nicômaco, A política.

    Poderíamos opor uma forma de arrogância platônica — Platão busca a verdade e o bem, correndo o risco de se desinteressar pelas coisas concretas — ao que seria uma humildade aristotélica. Enquanto Platão olha para o alto, para o "céu das ideias", em busca de essências eternas, Aristóteles começa por observar o que vê à sua volta, fazendo tipologias detalhadas, às vezes complicadas. Ele classifica tudo: os diferentes animais, as plantas, os regimes políticos, as virtudes humanas... Mas a humildade da conduta de Aristóteles contrasta com a grandeza impressionante do resultado; a soma de tudo o que Aristóteles inventou desafia a imaginação. Ele é o primeiro verdadeiro defensor da democracia, o provável inventor daquilo que hoje chamamos de ética, a busca de valores e normas relativas a um "aqui" e a um "agora", não mais visando o universal, como na moral platônica. Até mesmo a palavra "metafísica" vem de sua obra, pois foi utilizada para designar, após sua morte, todas as obras de Aristóteles situadas depois — *metà*, em grego — das que abordavam a física. Ele inventou campos inteiros do saber humano, como a biologia e a lógica. Você está começando a entender... Ele é o falso modesto por excelência. Do tipo que finge não entender quando lhe falam da amplitude de sua obra. Como se ele não soubesse que pensou em *tudo*. Como se o manual de instruções de um aspirador não fosse iluminado, também ele, pela frase-chave de toda a obra de Aristóteles: "O ser é dito de várias maneiras".

ESPINOSA

Filósofo holandês (1632-77) de origem judaica, que estudou o Talmude para tornar-se rabino e acabou excomungado, que foi exilado por ter redefinido Deus como a... totalidade da natureza. Autor de um dos livros-sistemas mais impressionantes de todos os tempos: Ética.

Ser é perseverar em seu ser. Assim Espinosa descreve o próprio movimento da vida. A planta que cresce "persevera em seu ser", o cão que rosna "persevera em seu ser", o homem que deseja também. Não tente entender demais. Olhe. Olhe, aliás, mais que para o cão que rosna: olhe para o cavalo que galopa na planície e o seu pescoço que se alonga com facilidade, para o seu galope regular, amplo; olhe para esse ímpeto de vida que o transpassa porque ele está no mundo. Porque ele está *dentro* do mundo, especifica Espinosa: dentro do mundo, isto é, dentro da natureza, isto é, dentro de Deus. A vida em mim é a Natureza-Deus que se expressa através de mim. Eu estou dentro: como, portanto, não serei *afetado*? Meus pensamentos e meus desejos são a maneira pela qual o Todo se expressa através de mim. Quando estou triste, é porque ele me afeta de uma maneira que "diminui minha potência de ser". Quando estou feliz, é porque minha "potência de ser" aumenta. Nunca estou livre, porque estou em Deus. Mas sou livre para compreender por que não posso ser livre. Não existe nem bem nem mal, pois tudo está em Deus; só existe bom ou ruim segundo a maneira pela qual sou afetado por meu estar em Deus. Um homem que pensa ou que deseja não é exatamente como um cavalo galopando, concordo com você. Mas, nos dois casos, é o *conatus* que está em ação: o esforço pelo qual um ser, qualquer que seja, "persevera em seu ser", a força que é a própria força da vida e que Schopenhauer, mais tarde, chamará de "vontade", que Nietzsche chamará de "vontade de poder", que Freud por fim chamará de "libido", restringindo-a então apenas aos seres humanos.

ESCOLA NORMAL SUPERIOR, FILOSOFIA

Prestigioso estabelecimento francês de ensino superior público, criado em 1794 e localizado no número 45 da rue d'Ulm, no Vème arrondissement de Paris.

Infelizmente, o dossiê só foi parcialmente aberto. Podemos ver, pela cara do investigador, que nem tudo foi dito. Ele só falou dos professores filósofos, mas silencia sobre a questão, muito mais controversa, dos alunos filósofos. Eles são obrigados, em uma idade em que os outros passam as noites namorando ou bebendo vodca, a ler textos como *A Monadologia*, de Leibniz, ou *Ser e tempo*, de Heidegger, obras que comprovadamente, quando não incompreendidas por seus próprios criadores, foram perigosas para seus próprios autores. Exigem desses alunos esforços incríveis para penetrar a beleza de imensos pensamentos abnegados, desinteressados, para depois anunciar que eles serão selecionados e classificados segundo seu domínio desses pensamentos. Ensinam-lhes as teorias de Kant, de Schopenhauer, de Wittgenstein, de Sartre, sem ao menos dizerem-lhes que elas emanavam de espíritos doentes, neuróticos, obsessivos ou maníaco-depressivos; a surpresa é guardada para quando eles saírem dos muros da escola. Ninguém lhes diz que eles usam calças curtas demais e que é preciso dizer bom-dia mesmo quando se tenta avançar na leitura metódica dos *Pós-escritos não científicos conclusivos*. Falam-lhes de *existência*, de *elã vital* e de *filosofia de vida* ao mesmo tempo em que suas vidas lhes são roubadas, fazem-nos amar o saber acima de tudo em uma época que o despreza, transformam-nos em extraviados, inadaptados, perdidos em sua época, perdidos até mesmo em Paris, incapazes muitas vezes de tirar a carteira de motorista. Eles reconhecem uns aos outros no metrô, não precisam nem levantar o dedo, eles conhecem o peso da frase de Zaratustra: "Eu vos amo, porque não sabeis viver nos dias de hoje".

KANT

Filósofo alemão (1724-1804) que nunca saiu de Königsberg, sua pequena cidade natal, mas que revolucionou a história da filosofia ao propor três perguntas — o que posso conhecer?; o que devo fazer?; o que me é permitido esperar? — e ao escrever três "Críticas": Crítica da razão pura, Crítica da razão prática *e* Crítica da faculdade do juízo.

A alegria de Kant nada tem de espantosa. Ele procurou mostrar, na *Crítica da razão prática*, a que ponto a filosofia moral não pode se contentar em ser uma pura especulação teórica: uma filosofia moral digna desse nome deve ser capaz de guiar nossa ação concreta, esta é sua profunda convicção. A adaptação para o Nintendo, portanto, era de se esperar. Como agir moralmente? Como, na prática, fazer o bem? Como, em termos kantianos, considerar o outro "um fim e nunca um meio"? Basta, responde Kant, aplicar a lei moral, assim resumida: "Aja sempre de tal forma que a máxima de sua ação possa ser erigida em lei universal". Em outras palavras, pergunte a si mesmo como ficaria o mundo se cada um se comportasse como você. Se cada um, por exemplo, respondesse à agressão através da vingança. O mundo ficaria mal, logo acabaria? Então sua ação é imoral. Se, por outro lado, seu comportamento puder ser "universalizado" sem problemas, sua ação é moral. Fácil, não? A filosofia moral — "filosofia prática", em linguagem erudita — sempre teve em vista a ação, o que seguidamente esquecemos. Já Aristóteles, na *Ética a Nicômaco* ou na *Ética a Eudemo*, se propunha a nos ajudar, concretamente, a sermos mais corajosos ou mais virtuosos. Kant vai mais longe: ele propõe um índice para saber se agimos ou não "por puro respeito à lei moral". Se você age moralmente, será recompensado, escreve ele, por uma forte sensação de estima por você mesmo, de "respeito por si". É o que os criadores do Special K para Nintendo entenderam bem: quando o personagem se comporta bem, ele ganha vidas e começa a piscar, subitamente brilhando com força renovada.

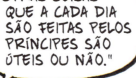

MAQUIAVEL

Filósofo e diplomata italiano (1469-1527). Secretário da chancelaria da República de Florença, levado ao exílio com a chegada dos Médici, ele escreve então O príncipe, *verdadeiro manual para uso dos detentores do poder político.*

Tsc, tsc, tsc... Ela comete um erro, a bonita chefe de redação da revista *Gala*: ela não percebe o quanto lhe poderia ser útil aquele que, em *O príncipe*, teorizou o papel das aparências na política. Maquiavel mostra que *parecer* ter poder já é ter poder. A habilidade do príncipe, sua "virtude", consiste em cuidar de sua imagem e de sua reputação tanto quanto de seus exércitos. Estamos em 1513! O príncipe deve aliar "astúcia de raposa" (assumir a aparência de homem poderoso para tornar-se um) e "força de leão" (sempre procurar, através da guerra, aumentar suas terras). Maquiavel deveria ter seu lugar na coluna "People e Realeza" de *Gala* também por sua concepção da verdade. Para Maquiavel, ela não tem valor algum. O príncipe deve saber ora dissimular a verdade, ora revelá-la, a depender das circunstâncias. Essa é a arte política. O fim — conquistar ou conservar o poder — justifica os meios. Isso não é "maquiavélico", não é diabólico, é apenas "maquiaveliano", ou seja: realista. Esse realismo político contrasta com o idealismo dos amantes do "bem comum" ou do "sentido da história". Esta é outra face da Renascença: não um retorno aos ideais da Antiguidade, mas o fundamento, nesse realismo seco e lúcido, de uma certa modernidade. Essa chefe de redação comete uma verdadeira asneira. A revista *Gala* de hoje é sintomática desse realismo triunfante. A realeza não faz mais sonhar por seus ideais ou grandeza de alma. O que agora excita os leitores é vê-la no banheiro, cheia de botox, é ver a realeza fazendo careta; é vê-la na *realidade*. Ela tem à sua frente o mais realista de todos os pensadores políticos e bate a porta na cara dele, a tonta.

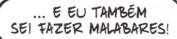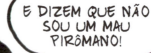

DEBORD

*Escritor, ensaísta e cineasta francês (1931-94), **fundador da Internacional Letrista e depois da Internacional Situacionista, a última grande vanguarda francesa. Principal obra:** A sociedade do espetáculo.*

Guy Ernest Debord não se apresentou a esse produtor esperando ser contratado: ele estava, na verdade, em missão de observação, infiltrado no âmago da "sociedade do espetáculo". No âmago daquilo que ele odeia, ali onde a alma do homem se perde. Mas o que é o "espetáculo"? "Sob todas as suas formas, informação [...], publicidade ou consumo de divertimentos, o espetáculo [...] é a afirmação onipresente da escolha *já feita* na produção." Assim, em nossos divertimentos "espetaculares", quando vamos ao cinema ou compramos roupas, apenas obedecemos às injunções de um sistema de produção capitalista. Debord continua sendo marxista — é o sistema de produção econômica que determina tudo —, mas ele troca o acúmulo do capital por uma forma mais moderna de acúmulo, o de *imagens*: "Toda a vida das sociedades nas quais reinam as condições modernas de produção se anuncia como um imenso acúmulo de espetáculos. Tudo o que era vivido diretamente se afastou para uma representação". Em um mundo assim, tudo é falso. Quando um cronista elogia, na televisão, os méritos de um livro, é porque a editora do livro pertence ao mesmo grupo do canal de televisão. Quando um jovem roqueiro subversivo entra em cena, é para assinar contrato com uma grande gravadora, que fará de sua arte só mais um espetáculo. Hegel apresentara o falso, ou o negativo, como um momento do verdadeiro. Em uma história pensada como "advento da verdade", isso era possível. Com Debord é o contrário: o verdadeiro é um momento do falso. Mesmo que, no programa de tevê acima citado, um escritor inspirado tomasse a palavra, sua voz se perderia em meio às ondas de palavras falsas, sua fala seria engolida pelo espetáculo e ele acabaria por calar ou gritar. Debord se suicidou em 30 de novembro de 1994.

HUSSERL

Filósofo alemão (1859-1938), inventor da fenomenologia, método segundo o qual se deve apreender as coisas "tal como elas se apresentam". Sartre tentou, em A náusea, *traduzir literariamente suas teses.*

No século XX, na Alemanha e, depois, na França, um grupo de pensadores impelidos por Husserl revolucionou a filosofia. "Voltar aos fenômenos" — este era o seu programa. E não era brincadeira... Pelo contrário, eles se chamavam Merleau-Ponty, Heidegger, Sartre... e o século se apaixonou por eles. Um a cada dois professores de filosofia hoje é heideggeriano (a outra metade é kantiana). Há séculos os filósofos procuravam com paixão o que poderia haver *por trás* dos fenômenos: por trás, portanto, das coisas tal como elas nos aparecem. O fato de que eles tenham encontrado tudo e seu contrário — um céu de ideias invisíveis (Platão), uma substância (Espinosa), uma vontade (Schopenhauer)... — só depõe contra eles. "Não procurem mais! Não há nada por trás dos fenômenos!", gritaram em coro aqueles que foram chamados de fenomenólogos. A verdade se revela por inteiro na aparência. Um exemplo: você marca um encontro com um amigo na saída do metrô e você o reconhece, bem de longe, no meio da multidão. Não é a alma dele que você reconhece, menos ainda sua essência, mas sim sua maneira particular de aparecer, que se apresenta por inteiro em sua maneira de ser "fenômeno", naquilo que Merleau-Ponty chama muito bem de seu "estilo". Outro exemplo: o garçom que serve café evocado por Sartre em *O ser e o nada*. Ele atua como garçom, adota as atitudes de um garçom, mas só pode servir café se parecer fazê-lo: ser é aparecer. Mostre-me como você caminha, como você abraça, como você faz um trote, que direi quem você é. É de se perguntar se não são eles próprios — Husserl, Sartre, Merleau-Ponty... — os fenômenos.

BOURDIEU

Sociólogo francês (1930-2002) *que analisou os mecanismos de dominação social e sua violência, real ou simbólica. Entre suas principais obras:* A distinção: crítica social do julgamento *e, com Jean-Claude Passeron,* Os herdeiros: os estudantes e a cultura.

Existem dois tipos de sociólogo. Os que pensam que "a parte é superior ao todo", que o indivíduo (mesmo pertencendo ao "todo" do grupo social) conserva uma liberdade de escolha, de desejos ou de gostos. Eles são, em sua maioria, de direita, e se chamam Max Weber e Raymond Boudon. E os que pensam que "o todo é superior à parte", que as escolhas e os desejos do indivíduo são determinados por seu pertencimento ao grupo social. Eles são, na maior parte das vezes, de esquerda, e se chamam Émile Durkheim e Pierre Bourdieu. Por toda a sua vida, com uma seriedade de estatístico e uma espécie de raiva seca, às vezes também com um pouco do lirismo que se desprende das tabelas de números, Bourdieu evidenciou a "reprodução" social, mostrou como, de geração em geração, as desigualdades sociais se perpetuavam — como a elite se reproduzia "mecanicamente". Você gosta de dissertações? A "prática burguesa" por excelência, diria Bourdieu, que favorece os filhos dos bairros nobres, acostumados a ouvir seus pais dissertarem à mesa antes de enviá-los para a cama a golpes de "tese/ antítese/ síntese". Você gosta de Radiohead? Não se trata de um gosto seu, mas de sua classe social — ou melhor, da classe social da qual você gostaria de se "distinguir" ao declarar gostar de Radiohead. É visível: com um pensamento desses, Bourdieu era perigoso mesmo sem uma fotocopiadora ao alcance das mãos. Mas, como revelado com muita pertinência pela cena desenhada, a fotocopiadora o tornou ainda mais perigoso! Ele conseguiu autorreproduzir-se em grandessíssima escala, enchendo as universidades francesas com uma miríade de mini-Bourdieus assustados e servis que reproduzem de maneira idêntica, sob o olhar severo do mestre, mas sem seu talento, suas análises e argumentos.

COLLÈGE DE FRANCE

Maior estabelecimento de ensino e de pesquisa na França, criado em 1530 e localizado na praça Marcelin-Berthelot, no Quartier Latin de Paris. As aulas ali ministradas são gratuitas e não oferecem certificado de conclusão, e versam sobre disciplinas científicas, literárias e artísticas. Ser nomeado professor no Collège de France é a mais alta distinção do ensino superior francês.

Depois da aula de Bergson no Collège de France (seus cursos atraíam tanta gente que a maioria dos ouvintes ficava na calçada, para que algumas palavras chegassem das janelas abertas), os amantes do saber costumavam se reunir em dois pequenos cafés que ficavam um na frente do outro, não muito longe da praça Marcelin-Berthelot. Hoje, o primeiro café se tornou uma loja de roupas, famosa por seus jeans lavados; a outra, uma perfumaria. Mais perto de nossos dias, o biólogo Jacques Monod adorava, por sua vez, depois do fim de suas aulas no Collège de France, tomar uma cerveja anônima em um pequeno bistrô localizado a uma centena de metros dali, onde ele ouvia em eco, como que pronunciadas por um outro homem, suas luminosas palavras sobre o acaso e a necessidade. Mesmo nobelizado, ele manterá esse costume. Esse pequeno bistrô agora é uma butique, contígua a uma franquia de comida japonesa, que substituiu a livraria de bairro onde o físico Pierre-Gilles de Gennes, também professor no Collège de France, também prêmio Nobel, amava folhear romances contemporâneos. Há dez anos, a mítica livraria PUF ainda existia na Place de la Sorbonne, a dois passos do Collège de France. Agora que todo o bairro está classificado como Zona de Educação Prioritária [ZEP],* ela virou uma loja de roupas. Simultaneamente, a algumas centenas de metros, na rue Bonaparte, uma loja Dior substituiu a livraria Le Divan, onde todo mundo sempre podia encontrar, depois de beber suas palavras no Collège de France, os livros de Roland Barthes ou de Raymond Aron. Era prático, era ontem. O que é prático, hoje, para aqueles que substituíram os Bergson e os Monod, para Pierre Rosanvallon ou Antoine Compagnon, é que eles podem aproveitar suas aulas no Collège de France para renovar seus estoques de cuecas.

---

* No sistema educacional francês, ZEP (Zones d'Education Prioritaire) é a sigla que designa os centros de ensino que recebem recursos extras do governo federal. As ZEPs estão geralmente em áreas degradadas da cidade. O programa foi criado nos anos 1980, visando erradicar a evasão escolar.

EPICURO

Físico materialista e filósofo grego (341-270 a.C.) que propôs um método para atingir a sabedoria e a felicidade. De sua obra considerável, fundadora do epicurismo, restaram apenas três cartas, dentre as quais a famosa "Carta a Meneceu".

Olhe essas pessoas num monótono desfilar diante da máquina de café. Elas não apreendem o milagre representado pela existência dessa máquina capaz de distribuir bebidas; elas não apreendem o milagre de viver. Então chega o sábio Epicuro, que lhes diz: "Parem por um instante e olhem para esta máquina: ela *existe*, sim, mas poderia não existir, poderia nunca ter sido inventada, poderia estar estragada. Agora, olhem para vocês mesmos, vocês são como ela: vocês também poderiam não existir, seus pais poderiam não ter se conhecido, sua mãe poderia ter abortado. O mundo inteiro, aliás, se parece com você e com esta máquina, com esses copinhos e esse café: o mundo também poderia não existir, uma bomba atômica poderia tê-lo explodido durante a Guerra Fria, o sol poderia já ter-se apagado e então não haveria mais vida sobre a terra. Tudo é *contingente* neste mundo: tudo o que existe poderia não existir. Por isso, alegre-se, *enjoy!*". O epicurismo visa apreciar o milagre da vida apreendendo, pelo pensamento, seu caráter contingente. Isso que está na minha frente — essa xícara de café, por exemplo — poderia nunca ter existido, então vou apreciar plenamente a sua existência. O epicurista não é um aproveitador extremo, mas um ser que sabe apreciar, graças ao poder de seu pensamento, o simples fato de viver. Por isso Epicuro não precisa de um café longo, o curto já é milagroso o suficiente. Inclusive, é surpreendente que ele o escolha com açúcar. Na verdade, um simples copo d'água já lhe bastaria com sobra para bancar o espertinho.

HANNAH ARENDT

Filósofa alemã naturalizada americana (1906-75) cujos trabalhos renovaram a abordagem do totalitarismo. Entre suas obras: La crise de la culture (*A crise da cultura*), Origens do totalitarismo.

O alto funcionário Adolf Eichmann teve um papel importante na organização burocrática do extermínio dos judeus. Em 1962, ele foi condenado à morte. Hannah Arendt acompanhou seu processo para a *The New Yorker* e escreveu um livro que causou escândalo: *Eichmann em Jerusalém — Um relato sobre a banalidade do mal*. Ela escreve que Eichmann não era um monstro, que provavelmente ele não era antissemita, mas que mesmo assim obedeceu — e deu — ordens que levaram ao extermínio de milhões de judeus. Eichmann não era um monstro, mas um legalista. E também um carreirista, e um idiota. Mas, primeiro, um legalista: um homem para quem não obedecer à ordem de um superior simplesmente não faz parte do *campo do possível*. Um homem que é capaz do pior se o pior lhe for ordenado por uma "autoridade". Esta é a banalidade do mal: o mal é cometido por seres banais, não diabólicos, que não querem o mal mas o cometem assim como nós paramos no sinal vermelho, enquanto "bons cidadãos", com a diferença de que parar no sinal vermelho não faz ninguém avançar na carreira. Agora veja como ele se defende: ele afirma que não é banal... Ele coloca perucas, recita de cor a lista telefônica, gosta de presunto com chocolate. Mas nada disso é ilegal. Até mesmo quando tenta parecer o mais louco possível, o mais longe do banal, ele ainda permanece incapaz de ilegalidade. O legalismo é uma doença que pode ser mortal tanto para a humanidade como para o indivíduo. Para a humanidade: o legalismo de Eichmann fez dele cúmplice de um crime contra a humanidade. Para o indivíduo: o homem perde seu senso crítico e, às vezes, a vida. Eichmann foi enforcado em 31 de maio de 1962, em Jerusalém.

DELEUZE

Filósofo francês atípico e carismático (1925-95), que definiu a filosofia como "invenção de conceitos" e inventou vários por sua vez: rizoma, desterritorialização, filosofia pop...

Um rizoma designa, em botânica, um caule subterrâneo diferente de uma raiz. A raiz tem um início, um fim, um objetivo, um lugar em uma arborescência estruturada. O rizoma, por sua vez, "não tem início nem fim, mas sempre um meio pelo qual cresce e se espalha". Mesmo "quebrado em um lugar qualquer, ele cresce segundo este ou aquele de seu ramos e seguindo outros". O rizoma é aquilo que prolifera, que se ramifica incessantemente, em função de seu contato com o que Deleuze chama "o exterior". Veja as graciosas toupeirinhas lhe pedindo um autógrafo: se elas reconhecerem seu mestre, é porque a estrutura de suas galerias subterrâneas é rizomática. Nenhuma ordem superior decide sua disposição: a galeria não começa nem termina em nenhum lugar, não há um lugar certo para se entrar nela. Se uma escavadeira a romper, ela partirá renovada seguindo outro "ramo". O exterior é então visto como ocasião de reinvenção. Podemos dizer de um *jazzman* que improvisa com seus companheiros de banda que ele segue uma estrutura rizomática. É claro que há um tema de partida, mas seu talento consiste em fazê-lo "proliferar", a partir de qualquer parte. Deleuze quer fazer como o *jazzman*, mas com as obras de Espinosa, Hume, Nietzsche... Ele entra nelas por qualquer lado, e faz "proliferar" o todo. "Engendrei filhos nas costas dos gigantes do pensamento", resumirá ele com malícia. Depreende-se disso uma ideia discutível e excitante: o importante em uma obra não é a verdade que ela contém, mas o que fazemos com ela.

FREUD

Médico austríaco (1856-1939), pai da psicanálise e filho de rabino, descobridor do inconsciente, portanto da libido.

Maior esperança do futebol mundial. Atacante que é o terror dos outros jogadores. Cobiçado por todos os times do planeta. Bola de Ouro pelo segundo ano consecutivo. Nunca foi flagrado com uma menor. Mas ele ainda não acertou as contas com o pai. Sua maneira de interrogar o analista, de perguntar-lhe "o que ele acha", de fazer-se pequeno enquanto espera a resposta da voz da autoridade, de mendigar por uma aprovação ou uma autorização... Sem o saber, ele recria com o analista a relação que ele teve com o pai. É isso a transferência: reviver, na relação com o analista, o que ocorreu alhures. Para finalmente compreendê-lo. Não para mudar — nunca mudamos de fato —, mas para saber. É justamente por saber que tudo mudará. Quatro anos depois da cena ao lado, por ocasião de duas propostas inéditas e simultâneas do Real Madrid e do Barcelona, ele se vê no divã pela última vez. Ele diz ao doutor que é incrível, que fez sua escolha, que não sente nem mesmo a necessidade de perguntar-lhe o que ele pensa. O que significa o fim de sua análise, ele sabe disso. Ele não projeta mais sobre o analista os sentimentos confusos que sentia pelo pai. Ele se sente estranho. O que ele sabe, agora, é que levou quatro anos para descobrir, na verdade, *o que sempre soube*. Mas ele não queria saber, e isso o enlouquecia, fazendo-o perseguir os outros jogadores, ser violento com as prostitutas e ter insônia. O inconsciente é exatamente isso que sempre soubemos, mas que não queremos saber.

PLATÃO

Filósofo grego (427-348/347 a.C.), discípulo de Sócrates, inventor de um novo gênero literário (o diálogo filosófico como A república, O banquete, Fedro), *fundador da Academia... e do idealismo ocidental.*

Os epicuristas eram bons no que faziam: eles se reuniam entre amigos no Jardim de Epicuro para comer uvas e desfrutar do momento. Epicuro dizia: "Você está vendo esta uva? Ela poderia não ter existido. Você está vendo a si mesmo? Você poderia não ter existido. Mesmo o cosmos poderia não existir". E era assim que ele convidava a todos a festejar o simples fato de existir. Perfeito, de fato, para a animação.

Bons também eram os estoicos. "O que depende de você é aceitar ou não o que não depende de você", escreve Marco Aurélio. Você é expulso pelo segurança? Isso não depende de você. O que depende de você é aceitar isso ou não. Não aceitar — ficar com raiva, irritado — é somar um segundo mal ao primeiro. Você é livre para não fazer isso: aceitar seu destino é tornar-se mais forte que ele.

Quanto a Pitágoras, ele com certeza merece sua condição de vip, pois inventou, além do famoso teorema, a própria palavra "filósofo". Mas quem manda de fato é Platão. Ele deu vida ao pensamento de Sócrates, pensou o amor, o conhecimento, a democracia nascente, o belo, o bem e a verdade — enfim, tudo! Whitehead inclusive escreveu que a filosofia ocidental não passava de "uma sequência de notas de rodapé aos diálogos de Platão". Platão é o primeiro a ter dito, em seu mito da caverna, que os homens preferem a escuridão de seus preconceitos ao brilho da verdade. Não surpreende que ele tenha se tornado o rei da noite: ele sabe o quanto os homens têm medo da luz.

MONTESQUIEU

Magistrado e filósofo francês (1689-1755) que conhece a fama literária com as Cartas persas *e depois desenvolve, em* O espírito das leis, *uma filosofia que inspirará a Constituição Americana de 1787 e os revolucionários franceses.*

Com seu princípio da *separação dos poderes* — executivo, legislativo, judiciário —, Montesquieu contribui para o nascimento do Estado moderno. "Quando, na mesma pessoa […], o poder legislativo está reunido ao poder executivo, não existe liberdade; […] pode-se temer que o mesmo monarca crie leis tirânicas para executá-las tiranicamente." Na França, o governo só pode, portanto, fazer *propostas* de lei: cabe ao Parlamento votá-las. Da mesma forma, o poder judiciário precisa estar separado do poder legislativo (se o juiz fosse o legislador, seríamos submetidos ao arbitrário) e do poder executivo (senão "o juiz poderia ter a força de um opressor"). A separação dos poderes nos protege do abuso de poder. Agora veja os quadrinhos: imagine super-heróis mal-intencionados. Se o Super-Homem tivesse todos os poderes, o de voar, o de tornar-se invisível, o de transformar-se em animal… não teríamos a menor chance de escapar dele. Se, em contrapartida, os poderes forem separados, "o poder freará o poder". A possível tirania do Super-Homem se choca com a do Homem-Aranha, que, por sua vez, tem o poder de grudar nos prédios, ou com a da Mulher Maravilha, capaz de nos paralisar. Nossa liberdade é protegida por esta competição entre os que gostariam de nos sujeitar. Os governantes gostariam de decidir tudo sem se preocupar com as leis ou promulgando decretos. Os deputados adorariam legislar sobre tudo o tempo todo. Os juízes também sonham com um poder sem limites, para criar jurisprudência incessantemente ou derrubar os políticos. Três tiranias possíveis se inibem mutuamente: nenhuma se tornará realidade.

SARTRE

Filósofo, escritor e dramaturgo francês (1905-81) que desencadeou paixões, fundou o existencialismo, o jornal Libération *e o casamento aberto com Simone de Beauvoir. Ele recusou o prêmio Nobel de literatura, para não ser encerrado em uma "essência" de Nobel. Entre suas obras:* O existencialismo é um humanismo, O ser e o nada, As palavras.

Segundo Sartre, nossa liberdade é total. Por quê? Porque não temos essência! Se tivéssemos uma essência (uma verdade predefinida, localizada em algum lugar, na mente de Deus, em nossos genes, no inconsciente...), então seríamos determinados por ela, e não teríamos a infinita liberdade de nos inventarmos.

Esta ausência de essência nos distingue tanto dos animais como das coisas. Um cavalo tem uma essência, uma natureza. O potro acaba de nascer, mas já estica as pernas, trota, pasta. Sua vida é tão fácil, comparada à do filhote do homem. Porque o potrinho tem uma natureza: basta segui-la! Nós não temos essa sorte. Temos apenas uma *existência*. Até mesmo o berço que acabamos de comprar tem uma essência: antes de existir no quartinho azul, ele foi *uma ideia* na cabeça de um *designer* loiro. As coisas também têm sorte...

Ser homem, para Sartre, é ser lançado na existência sem que nenhum Deus o tenha imaginado, sem nenhuma natureza para guiar nossos passos. Daí a angústia, e a liberdade — de modo geral, a mesma coisa. Daí essa maneira, também, que temos de sempre interrogar o olhar do outro, de sempre fazer-lhe a mesma pergunta: Consegui? Consegui *me inventar*?

ÍNDICE REMISSIVO

ação... 35
acontecimento... 87
Actors Studio... 40-1
afetar... 79
Agostinho, Santo... 50-1
Alain... 75
Alexandre, o Grande... 11, 77
Althusser, Louis... 96
América... 25
anarquismo... 29
anglicanismo... 85
angústia... 9, 123
Anselmo, Santo... 21, 47
antissemitismo... 51
aparência... 41, 59, 101, 105
aposta... 58-9, 71
aprender a morrer... 63
Arendt, Hannah... 112-3
Aristóteles... 35, 57, 66, 76-7, 95, 99
aristotelismo... 21, 77, 94
Aron, Raymond... 109
arte... 35, 61, 82-3
aspirador de pó... 76-7
asquenaze... 66-7
ateísmo... 47, 59
atração universal... 57
aura... 82-3
autoridade... 113, 117
Averróis... 67, 77, 94-5

Bachelard, Gaston... 32-3
Bakunin, Mikhail Aleksandrovitch... 28-9
Balibar, Étienne... 96
banalidade... 112-3
barbárie... 55, 91
Barcelona... 117
barril... 10-1
Barthes, Roland... 108-9
Baudrillard, Jean... 86-7
beatitude... 75
Beaufret, Jean... 17
bem... 65, 75-7, 87, 99, 119
Benjamin, Walter... 83
Bergson, Henri... 9, 81, 109
Bernard-Henri Lévy... 68
bingo... 58, 59
borboleta... 92-3
Boudon, Raymond... 107

Bourdieu, Pierre... 71, 106-8
Bowie, David... 41
Breton, André... 91
Buda... 52-3
budismo... 53, 69

Calígula... 63
Cândido... 43
Caraoquê... 54
carma... 52
caverna... 118-9
ceticismo... 37, 73
céticos... 36-7
Cézanne, Paul... 83
Char, René... 17
Chateaubriand, François-René de... 25
China... 19, 93
Chuang Tzu... 92-3
cidade... 19, 50, 85, 109
cinema... 8, 38, 83, 95, 103
cinismo... 10-1
Cobain, Kurt... 83
coerência... 75
cogito... 4
coisas... 53, 105, 123
Collège de France... 27, 91, 108-9
Compagnon, Antoine... 109
Comte-Sponville, André... 68
Conatus... 78-9
Confúcio... 18-9
consciência de si... 9, 27, 41
contingência... 21, 111
convenções... 11, 61
Corão... 95
cortesia... 55, 81
crime contra a humanidade... 113
cristianismo... 21, 51, 53, 59
Cristo... 51
Cubo Mágico... 45
cultura de massa... 83
Cyrulnik, Boris... 68

dalai-lama... 69
Dasein... 16
Debord, Guy Ernest... 102-3
deísmo... 43
Deleuze, Gilles... 114-5
democracia... 24-5, 77, 87, 119

Derrida, Jacques... 38-9
Descartes, René... 5, 13, 21, 35, 37, 49, 93
desconstrução... 37-9, 45
desespero... 8-9, 71
despertar... 52-3
desrealização... 87
desterritorialização... 115
determinismo... 35
Deus... 5, 13-4, 15, 21, 27, 29, 34-5, 41-3, 47, 51, 55, 57-9, 61, 67, 79, 89, 123
devaneio... 33, 71
devir... 23
Dia das Bruxas... 62
dialética... 9
Diderot, Denis... 3
dinossauro... 84-5
Diógenes Laércio... 36
Diógenes, o Cínico... 11, 27
Dombasle, Arielle... 46
Duchamp, Marcel... 91
duração... 81
Durkheim, Émile, 107
dúvida... 5, 37, 39, 93

Éfeso... 22-3
Eichmann, Adolf... 112-3
Elã vital... 97
empirismo... 43, 72-3
enciclopédia... 3
Engels, Friedrich... 89
epicurista... 111
Epicuro... 63, 110-1, 119
Erasmo, Desidério... 60-1, 85
erro... 33
Escola Normal Superior, 75, 97
espetáculo... 102-3
Espinosa, Baruch... 19, 35, 75, 78-9, 105, 115

espírito absoluto... 89
esquecimento do ser... 17
essência... 9, 23, 41, 77, 105, 122-3
estilo... 39, 51, 67, 91, 105
estima de si... 99
estoicos... 63, 118-9
estrutura... 26-7, 91, 115
estruturalismo... 91
eterno retorno... 13, 23
ética... 54-5, 77, 79, 99
eu... 53, 55, 69
existência... 19, 21, 47, 59, 97, 111, 123
Existencialismo... 9, 17, 123
experiência... 63, 73, 81

Falogocentrismo... 39
falso problema... 45
fé... 9, 20-1, 40, 47, 51, 59, 95
felicidade... 75, 111
Fénelon... 41
fenomenologia... 35, 105
fenômenos... 96, 105
Ferry, Luc... 68
festa... 31, 49
filosofia da vida... 13, 53
filosofia pop... 115
filosofia pós-kantiana... 34-5
floresta... 5, 31
fotografia... 83
Foucault, Michel... 26-7, 108
Freud, Sigmund... 15, 53, 79, 117
futebol... 6, 117

Geist... 34
globalização... 87
Goethe, Johann Wolfgang von... 41
Google... 34
graça... 75
gravitação universal... 57

harmonia preestabelecida... 15, 19
Hegel, Georg Wilhelm Friedrich... 9, 23, 34-5, 41, 65, 89, 103
Heidegger, Martin... 16-7, 97, 105
Henrique VIII, rei da Inglaterra... 85
Heráclito... 23
Héritier, Françoise... 108
Hipódamo de Salamina... 36

história... 9, 27, 35, 41, 55, 89, 95, 101
Hitler, Adolf... 45
Hobbes, Thomas... 48-9
Hölderlin, Friedrich... 13
homem natural... 30-1
Homem-Aranha... 120-1
hospitalidade... 39
humanismo... 19, 33, 61, 123
Hume, David... 73, 115
Husserl, Edmund... 17, 104-5

idealismo... 35, 37, 101, 119
ideias... 53, 73, 77, 105
identidade... 23
igualitarismo... 25
imaginação... 33, 77
imaginário... 33
imóveis... 10
imperativo categórico... 65
imperativo hipotético... 65
impermanência... 53
inconsciente... 15, 117, 123
inferno... 122
intenção... 35, 65, 93
interação... 104
intuição... 81
ironia... 43, 71
Islã... 95

Jacquard, Albert... 68
Jankélévitch, Vladimir... 70-1
jardim... 25, 42-3, 92-3
judaísmo... 67, 79
Jugnot, Gérard... 80-1
julgamento... 37, 107

Kant, Immanuel... 13, 31, 35, 55, 65, 71, 73, 75, 97-9
kantiano... 35, 65, 99, 105
Kierkegaard, Sören... 8-9

La Boétie, Étienne de... 6-7
lacanianos... 32
laicidade... 43
lamaísmo... 69
legalismo... 113
lei moral... 99
Leibniz, Gottfried Wilhelm... 15, 19, 43, 57, 97
Leviatã... 48, 49
Levinas, Emmanuel... 54-5
Lévi-Strauss, Claude... 90-1, 108
libido... 79, 117
linguagem... 17, 25, 45, 67, 99
literatura... 61, 123
livre-arbítrio... 35, 61
Locke, John... 43
louco... 27, 42, 60
loucura... 13, 45, 60-1, 85
Lutero, Martinho... 61, 85

Maimônides... 66-7
mal... 87, 112-3
Malesherbes, Chrétien-Guillaume de... 25
Manet, Édouard... 27
Maquiavel, Nicolau... 100-1
Marx, Karl Heinrich... 29, 89
massa... 83
materialismo... 47, 111
melhor dos mundos possíveis... 43
Merleau-Ponty, Maurice... 41, 105, 108
metafísica... 5, 13, 17, 39, 43, 65, 73, 77, 89, 94
Michelângelo... 60
Mickey... 17
minorias... 95
místicos... 41, 45, 67
mito da caverna... 119
mobilismo... 23
Mônada... 14-5
monadologia... 15, 97
Monod, Jacques... 109
Montaigne, Michel... 6-7, 63
Montesquieu, Charles Louis de... 120-1

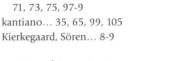

moralismo... 11, 75
morte... 49, 53, 63, 71
morte do homem... 27
Morus, Thomas... 61, 84-5
msn... 6

nada... 65, 105, 123
Napoleão... 35
Nero... 63
Newton, Issac... 56-7
Nietzsche, Friedrich... 12-3, 23, 27, 37, 79, 115
Nintendo... 98-9
Nirvana... 53
Nizan, Paul... 96

objetividade... 35
Om... 68
Onfray, Michel... 68
Onze de setembro... 87
outro... 35, 55, 71, 99, 123

paraquedas... 57
parentesco... 90-1
Parmênides... 23
Parque dos Dinossauros... 84
Pascal, Blaise... 15, 58, 59, 81
Paulo, São... 51
pensamento selvagem... 91
perdão... 71
permanência... 23
perseverar em seu ser... 79
peso... 74-5
pessimismo... 65, 91
pessoa... 41
Pico della Mirandola, Giovanni... 95
Pirro de Élida... 37
Pitágoras... 118-9
Platão... 11, 13, 19, 23, 25, 35, 39, 53, 63, 77, 95, 105, 118-9
poder... 25, 27, 87, 101, 120-1
polícia... 50
política... 19, 25, 49, 77, 101
potência... 79
preconceitos... 119
preparação para a morte... 63
príncipe... 101
progresso... 11, 25, 31, 33, 35, 87

próprio ao homem... 13
provas da existência de Deus... 5, 21, 47
psicanálise... 32-3, 117
pulsão de morte... 53

qualquer-coisa... 71
quase-nada... 71

Radiohead... 107
razão... 20-1, 35, 59, 72, 73, 81, 95-6, 99
reaça... 31
Real Madrid... 116-7
realismo... 31, 35, 49, 73, 77, 101
reencarnação... 52, 68-9
relativismo... 7
representação... 27, 31, 65, 103
reprodução... 83, 106-7
responsabilidade... 55
revolução... 29, 89
riso... 80-1
rizoma... 114-5
Rosanvallon, Pierre... 108-9
rosto... 55
Rousseau, Jean-Jacques... 30-1, 49, 73
Russel, Bertrand... 45

Sade, marquês de... 46-7
sadismo... 47
santidade... 75
Sartre, Jean-Paul... 9, 41, 81, 96-7, 105, 123
Schopenhauer, Arthur... 65, 79, 97, 105
Second Life... 52
Sefardi... 66-7
segurança... 49
seguros... 52
Sêneca... 62-3
separação dos poderes... 121
ser... 41, 45, 53, 77, 105, 123
sexo... 90
Sexto Empírico... 36-7
silêncio... 45
simbólico... 87
sistemas... 37
socialismo... 29, 85, 89
sociedade sem classes... 89
sociologia... 27, 106
Sócrates... 11, 23, 53, 119

sol... 73
sonho... 92-3
Stálin,Ióssif... 85
substância... 105
super-heróis... 121
Super-Homem... 120-1

tábula rasa... 88-9
Talmude... 79
Taoismo... 93
Teodiceia... 15
Teresa D'Ávila, Santa... 40-1
Tibete... 68
Tocqueville, Alexis de... 24-5
tolerância... 43, 94-5
Tomás de Aquino, São... 21, 67
tradução... 76
transferência... 116-7
traseiro... 7
Turfe... 58

utopia... 84-5

verdade... 23, 27, 33, 37, 57, 59, 77, 101, 105, 119
verdades metafísicas... 5
Verlaine, Paul... 41
vida... 13, 79
virtude... 71, 77, 101
Voltaire... 42-3, 57
vontade... 5, 64-5, 79, 105
vontade de poder... 13, 79

Weber, Max... 107
Weil, Simone... 74-5
Whitehead... 119
Wittgenstein, Ludwig Josef Johann... 44-5, 97
World Trade Center... 87

Zaratustra... 12-3, 97
ZEP... 108-9
zombaria... 71

CHARLES PÉPIN nasceu em Saint-Cloud, em 1973.
É diplomado em filosofia pelo Sciences Po Paris e professor
de liceu em Saint-Denis. Publicou dois romances e
diversos livros sobre filosofia e política. Entre 2001 e 2007,
apresentou crônicas filosóficas nos canais France 3 e Canal+.

JUL, pseudônimo de Julien Berjeaut, nasceu em Maisons-Alfort,
em 1974. Cartunista colaborador de diversos jornais e
revistas da França, é autor de vários livros de HQ, entre os quais
Silex and the City, série que vendeu 400 mil exemplares
na França e foi transformada em animação pelo canal Arte.

A marca FSC® é a garantia de que a madeira utilizada na fabricação do papel deste livro provém de florestas que foram gerenciadas de maneira ambientalmente correta, socialmente justa e economicamente viável, além de outras fontes de origem controlada.

Esta obra foi composta em Giovanni e impressa pela Prol Editora Gráfica em ofsete sobre papel Paperfect da Suzano Papel e Celulose para a Editora Schwarcz em março de 2014

Charles Pépin

O PLANETA DOS SÁBIOS

ENCICLOPÉDIA DE FILÓSOFOS E FILOSOFIAS

Ilustrações de

Tradução de
JULIA DA ROSA SIMÕES

claroenigma

Copyright do texto © La Planète des Sages — Encyclopédie Mondiale des Philosophes et des Philosophies © DARGAUD 2011, by Jul, Pépin www.dargaud.com
Todos os direitos reservados
Copyright das ilustrações © 2014 by Jul

Grafia atualizada segundo o Acordo Ortográfico da Língua Portuguesa de 1990, que entrou em vigor no Brasil em 2009.

Título original
La Planète des Sages — Encyclopédie Mondiale des Philosophes et des Philosophies

Preparação
Beatriz Antunes

Índice remissivo
Luciano Marchiori

Revisão
Thaís Totino Richter
Marise Leal
Marina Nogueira
Renata Favareto Callari
Adriana Moreira Pedro

Composição
Elis Nunes

Dados Internacionais de Catalogação na Publicação (CIP)
(Câmara Brasileira do Livro, SP, Brasil)

Pépin, Charles
  O planeta dos sábios : Enciclopédia de filósofos e filosofias / Charles Pépin ; ilustrações de Jul ; tradução de Julia da Rosa Simões. — 1ª ed. — São Paulo : Claro Enigma, 2014.

  Título original: La Planète des Sages : Encyclopédie Mondiale des Philosophes et des Philosophies.

  ISBN 978-85-8166-095-0

  1. Literatura infantojuvenil I. Jul. II. Título

13-12253   CDD-028.5

Índice para catálogo sistemático:
1. Literatura juvenil 028.5

[2014]

Todos os direitos desta edição reservados à
EDITORA CLARO ENIGMA
Rua Bandeira Paulista, 702, cj. 71
04532-002 — São Paulo — SP — Brasil
Telefone: (11) 3707-3531
www.companhiadasletras.com.br
www.blogdacompanhia.com.br

SUMÁRIO

DESCARTES, RENÉ, 5
MONTAIGNE, MICHEL DE, 7
KIERKEGAARD, SÖREN, 9
DIÓGENES, O CÍNICO, 11
NIETZSCHE, FRIEDRICH, 13
LEIBNIZ, GOTTFRIED WILHELM, 15
HEIDEGGER, MARTIN, 17
CONFÚCIO, 19
SÃO TOMÁS DE AQUINO, 21
HERÁCLITO, 23
TOCQUEVILLE, ALEXIS DE, 25
FOUCAULT, MICHEL, 27
BAKUNIN, MIKHAIL ALEKSANDROVITCH, 29
ROUSSEAU, JEAN-JACQUES, 31
BACHELARD, GASTON, 33
HEGEL, GEORG WILHELM FRIEDRICH, 35
OS CÉTICOS, 37
DERRIDA, JACQUES, 39
SANTA TERESA D'ÁVILA, 41
VOLTAIRE, 43
WITTGENSTEIN, LUDWIG JOSEF JOHANN, 45
SADE, MARQUÊS DE, 47
HOBBES, THOMAS, 49
SANTO AGOSTINHO, 51
BUDA, 53
LEVINAS, EMMANUEL, 55
NEWTON, ISAAC, 57
PASCAL, BLAISE, 59
ERASMO, DESIDÉRIO, 61
SÊNECA, 63
SCHOPENHAUER, ARTHUR, 65

MAIMÔNIDES, 67
LAMAÍSMO, 69
JANKÉLÉVITCH, VLADIMIR, 71
HUME, DAVID, 73
WEIL, SIMONE, 75
ARISTÓTELES, 77
ESPINOSA, BARUCH, 79
BERGSON, HENRI, 81
BENJAMIN, WALTER, 83
MORUS, THOMAS, 85
BAUDRILLARD, JEAN, 87
MARX, KARL HEINRICH, 89
LÉVI-STRAUSS, CLAUDE, 91
CHUANG TZU, 93
AVERRÓIS, 95
ESCOLA NORMAL SUPERIOR, FILOSOFIA, 97
KANT, IMMANUEL, 99
MAQUIAVEL, NICOLAU, 101
DEBORD, GUY ERNEST, 103
HUSSERL, EDMUND, 105
BOURDIEU, PIERRE, 107
COLLÈGE DE FRANCE, 109
EPICURO, 111
ARENDT, HANNAH, 113
DELEUZE, GILLES, 115
FREUD, SIGMUND, 117
PLATÃO, 119
MONTESQUIEU, CHARLES LOUIS DE, 121
SARTRE, JEAN-PAUL, 123

ÍNDICE REMISSIVO, 124
BIOGRAFIAS, 127

DESCARTES

Filósofo e matemático francês (1596-1650), inventor da "dúvida metódica" e da "moral provisória", autor das Meditações metafísicas *e do* Discurso do método, *no qual escreve algo que se assemelha a "penso, logo existo".*

Descartes queria reformular completamente o conhecimento humano, queria fornecer provas racionais da existência de Deus — ele realmente não era desprovido de ambições intelectuais! Mas tomou o cuidado de frisar que esse tipo de verdade não ajudaria em nada a vida cotidiana.

O que fazer, por exemplo, se você se perder em uma floresta? Pensar? Com certeza, não! Escolha qualquer direção e se mantenha nela, propõe Descartes, caminhe sempre em linha reta e você acabará encontrando a saída — é uma questão de vontade, não de inteligência! Se pensasse demais, você poderia mudar de estratégia várias vezes ou andar em círculos até morrer. Diante de móveis "faça você mesmo", nos sentimos em uma floresta ao cair da noite. Nosso pior inimigo é o pensamento e o maior aliado, a vontade de simplesmente seguir as instruções do manual. Foi o que Descartes compreendeu logo depois da cena retratada nos quadrinhos. O mundo da ação não é o mundo das verdades metafísicas. O mundo das verdades metafísicas é o mundo do pensamento, da busca de evidências. Já o mundo da ação obedece a outras regras: agimos no terreno da dúvida, esperando por uma luz que, hipoteticamente, irá se apresentar. Necessitamos dessa vontade, que segundo Descartes é infinita, para compensar os limites do nosso pensar.

M: Oi, vc vem mto aki?
B: d+ 😊

M: C tem algum hobby?
B: Esporte (futebol), games, música (R&B)

M: Blz. Eu tb curto a vibe ;)

B: C tá em Bordeaux?
M: Yes, e vc?

B: Yes, otimuu! :o
M: Esse lugar eh d+ para fazer amigos!

B: Vamu se encontrah?

M: Naquela lanchonete, 13h.

B: Pra gente se reconhecer: leve o último CD da Beyoncé.

MONTAIGNE! O QUE VOCÊ ESTÁ FAZENDO AQUI?

LA BOÉTIE! VOCÊ DE NOVO!

MONTAIGNE

Escritor e filósofo francês (1533-92), autor de um único livro, chamado Os ensaios, *que levou a vida toda para escrever e que fundou o ensaio moderno. É nesse livro que está a frase de Montaigne que causou escândalo na época: "Não tenho outro projeto que o de retratar a mim mesmo".*

"No mais belo trono do mundo, continuamos sentados sobre nosso traseiro." Criador de frases como essa, percebe-se que Michel de Montaigne não foi um filósofo como os outros. Magistrado, soldado, diplomata, prefeito de Bordeaux, mulherengo, casado e — além de tudo isso — autor de *Os ensaios*. Ao contrário dos grandes criadores de sistemas, que sacrificavam tudo em busca da Verdade, ele foi um cético e um relativista que trouxe uma rajada de ar fresco para a França.

Apesar de relativista, ele conheceu pelo menos um conceito absoluto: a amizade com La Boétie, que aos dezoito anos escreveu o sublime *Discurso sobre a servidão voluntária* e que morreu aos 32. Quando lemos, nas palavras de La Boétie, que "os tiranos só são grandes porque estamos ajoelhados", entendemos por que esses dois homens precisavam se conhecer. Essas duas inteligências alimentavam uma à outra, tanto assim que Montaigne lamentou, até o fim da vida, a morte de La Boétie. Quando escreveu que "filosofar é aprender a morrer", Montaigne estava pensando em La Boétie, na maneira como seu amigo, por três dias seguidos, enfrentou dignamente a doença e a morte. *Os ensaios* pode ser entendido como um prolongamento do diálogo do jovem Montaigne com um cara legal chamado La Boétie.

* Comédia lançada em 2008 que se tornou um grande sucesso do cinema francês. A obra satiriza a região norte da França e seu modo estranho de falar.

KIERKEGAARD

Filósofo e teólogo dinamarquês (1813-55), autor do Tratado do desespero *e de* Temor e tremor, *que opôs a dimensão individual e concreta — existencial — da fé à fé praticada pela Igreja.*

Em primeiro lugar, não foi o espírito do norte que deprimiu Kierkegaard. Também não foi a neblina flutuante dos lagos bálticos. Foi, antes, o espírito do oeste: Hegel, o filósofo para quem a história começa no leste e termina no oeste, que personifica, aos olhos de Kierkegaard, a arrogância do conceito abstrato ocidental, de um pensamento que pretenderia superar a oposição dos contrários em sua dialética. Kierkegaard afirma, ao contrário de Hegel, a primazia da existência concreta, com suas intransponíveis contradições e sua densa angústia. A existência não é, como em Hegel, um momento da essência (Hegel apresenta a existência do mundo como uma maneira de o espírito tomar consciência de si mesmo). A existência está sempre presente. E nós estamos dentro dela, livres, mas com uma liberdade assombrosa que Sartre, citando Kierkegaard — "a angústia é a captura reflexiva da liberdade por ela mesma" —, qualificará de monstruosa. É, portanto, opondo-se a Hegel que Kierkegaard lança a pedra fundamental do existencialismo. Mas ele não se desespera apenas com o sistema hegeliano: caçula de uma família de sete filhos, em poucos anos perde a mãe e cinco de seus irmãos e irmãs. Seu pai luta contra o sofrimento desenvolvendo uma teoria delirante: uma maldição divina teria recaído sobre sua família, confiscando todos os filhos antes que estes chegassem à idade de Cristo. Kierkegaard compartilha da visão do pai por algum tempo, temendo morrer aos 33, até desmentir a maldição e chegar aos 42 anos.

Agora deixo você meditando sobre a seguinte frase de Bergson: "Sempre pedi para que não se ocupassem de minha vida [...]. Invariavelmente afirmei que a vida de um filósofo não lança nenhuma luz sobre sua doutrina".

DIÓGENES

Filósofo grego (c. 413-327 a.C.) também chamado de Diógenes, o Cínico, ou Diógenes, o Cão. Questionou os valores sociais e morais de sua época, o respeito aos deuses e o filósofo Platão.

Diógenes não se importava em viver em um barril. Era um homem sem muitos pudores e também um excelente pedagogo. Passeava com uma lanterna acesa em pleno dia, respondendo às perguntas dos curiosos com um enigmático: "Estou procurando o homem". O tal "homem ideal" de que Platão e outros filósofos gostavam tanto de falar. Você por acaso o viu por aí? Um dia, Diógenes segurou um frango depenado e declarou: "Aqui está o homem", parodiando a definição platônica que dizia que o homem é um bípede sem plumas. Reza a lenda que ele também perambulava entre estátuas para acostumar-se à recusa, e que no fim da vida recebeu a visita de Alexandre, rei da Macedônia, que desejava conhecê-lo. "Pede-me o que quiseres que te darei", Alexandre teria dito na ocasião. "Apenas saia da frente do meu sol", teria respondido Diógenes, antes de morrer por ter tentado roubar um osso de um cão e levado uma mordida. O homem capaz de viver como um cão é um deus, e viver como um cão significa estar o mais perto possível do corpo e o mais longe das convenções. Esse era o pensamento de Diógenes, o Cínico — sendo que a palavra "cínico" vem de *kunikós*, que significa "canino" em grego. Enquanto Sócrates era irônico, pois queria fazer os cidadãos reagirem, mas para que progredissem, Diógenes era cínico, porque provocava pelo simples prazer de chocar o cidadão. Afinal, ele não acreditava no progresso de ninguém. Talvez a verdade do cinismo seja esta: o cinismo é um moralismo desapontado. Por 2 mil, agarre-se ao barril de Diógenes. Porque ele não tem preço.

NIETZSCHE

Filósofo alemão (1844-1900), mas acima de tudo antifilósofo (costumava opor a poesia e o aforismo ao conceito) e antialemão (criticava os alemães por seu "peso metafísico"). Anunciador da "morte de Deus" e do "eterno retorno".

Em sua obra *Assim falou Zaratustra*, Nietzsche, mais profeta que filósofo, dá a palavra à Vida, e eis o que ela diz: "Vê, eu sou aquela que sempre precisa superar a si mesma". A vida é essa força, dinâmica e não estática, que nos habita quando somos capazes de afirmar nossa existência. A "vontade de poder" não é a vontade de esmagar os fracos (essa é uma leitura nazista), mas diz respeito ao poder da vontade individual: vontade de afirmar *toda* nossa existência, o bom nela e o mau, em "um grande sim à vida". É por isso que, na verdade, "tudo que não mata fortalece". Pois tudo o que agride a vida provoca a vida, pois a vida se defende quando atacada; ela se afirma em contato com o que a ameaça. A maioria dos filósofos ocidentais (Platão, Descartes, Kant...) arrogantemente definiu a superioridade da espécie humana sobre os animais como "própria do homem". Nietzsche não. Segundo ele, o homem às vezes é inferior ao animal, que é capaz de viver plenamente o presente. O homem é, muitas vezes, apresentado como um animal doente, enfraquecido por maus instintos. A "filosofia da vida" de Nietzsche o aproxima ao enigma da vida animal, tão longe e ao mesmo tempo tão perto de nós. Ele poderia ter escrito esta magnífica frase de Hölderlin: "quem ama o mais vivo, pensa mais profundo". Entre os animais e nós, Nietzsche vê uma diferença apenas de grau, e não de natureza. Em 1888, certa manhã, ele se jogou aos pés de um cavalo que estava sendo açoitado por um cocheiro, em pleno acesso de loucura, do qual não se recuperou jamais. Por aí você pode entender por que os quadrinhos ao lado não condizem com as ações do filósofo. Nietzsche nunca teria feito mal a uma pobre galinha. Ele teria se ajoelhado perante ela e perguntado em voz bem baixa: "Diga-me, penosa, qual é o teu segredo?".

LEIBNIZ

Filósofo, matemático e diplomata alemão (1646-1716), "gênio universal" e pai da lógica moderna. Ele inventou o cálculo infinitesimal ao mesmo tempo que Newton e idealizou uma máquina de calcular melhor que a de Pascal. Aos 28 anos, tentou dissuadir Luís XV de conquistar a Alemanha. Entre suas obras estão: A Monadologia *e* Ensaios de teodiceia.

Leibniz é mesmo "superirado", falando sério. Segundo ele, existe uma infinidade de pontos de vista que se reúnem no ponto de vista de Deus, que é inacessível. O mundo é feito de "mônadas": almas indivisíveis que expressam, cada uma, todo o universo. Você é uma mônada. Seu cachorro é uma mônada. O cigarro que alguém está fumando é uma mônada, um outro cigarro é outra mônada, não existem duas iguais. Em você, em seu cachorro, em cada cigarro, existe todo o universo resumido — embora de maneira diferente! Mais ainda: as mônadas estão fechadas ao resto do mundo; não interferem umas nas outras. Entendo sua surpresa: e quando você briga com o seu cachorro? E quando você acende um cigarro? Seu cachorro latindo, seu cigarro queimando... Você é a causa disso, certo? Pois bem, não. A "causalidade" é ilusória: tudo é ordenado por uma "harmonia preestabelecida" por Deus! Mas e as ondas? Bom, quando Leibniz fala em ondas, ele finalmente está falando de algo que nos diz respeito. Um homem caminha na direção do mar. Por um bom tempo, ele não ouve o ruído das ondas e então começa a ouvi-lo. O que aconteceu? "Pequenas percepções inconscientes" se somaram até cruzar o limiar da consciência. Sim, você leu direito: Freud já está em Leibniz. Leibniz afirma que, entre o inconsciente e o consciente, existe apenas uma diferença de grau. Ele verá essa "lei de continuidade" em tudo: entre o verdadeiro e o falso, entre a matéria e a alma, entre o repouso e o movimento. Leibniz está esperando a onda. O mar está calmo mas, dentro dele, secretamente, atuam forças, somam-se pequenos elementos. E quando a onda vem Leibniz conclui que ela tem uma "razão suficiente" para existir — o mundo também, aliás.